ドキドキ！
ハッピーうらない

監修 オフェリア・麗

JN242408

成美堂出版

まずは星うらないの基本を教えるよ！
生まれた日（誕生日）によって
12の星座があるんだよ

星座…
カコちゃんが
言ってた
やつだ！

3/21〜4/19生まれ おひつじ座 ♈	4/20〜5/20生まれ おうし座 ♉	5/21〜6/21生まれ ふたご座 ♊
6/22〜7/22生まれ かに座 ♋	7/23〜8/22生まれ しし座 ♌	8/23〜9/22生まれ おとめ座 ♍
9/23〜10/23生まれ てんびん座 ♎	10/24〜11/22生まれ さそり座 ♏	11/23〜12/21生まれ いて座 ♐
12/22〜1/19生まれ やぎ座 ♑	1/20〜2/18生まれ みずがめ座 ♒	2/19〜3/20生まれ うお座 ♓

9月8日生まれだから
おとめ座だ。

12星座は4つのエレメント（グループ）に分かれているよ！

火のエレメント…おひつじ座, しし座, いて座
土のエレメント…おうし座, おとめ座, やぎ座
風のエレメント…ふたご座, てんびん座, みずがめ座
水のエレメント…かに座, さそり座, うお座

4

もくじ

Part1 本当のあなたはどんな人？

❀ 星座と血液型でわかるエンジェル性格・デビル性格 ❀

Part2 すてきな恋愛かなえたい！

Part3 なかよし友だちネットワーク

Part4 才能のばしてすてきな未来

この本の使い方

\ あなたの知りたいこと、全部うらなっちゃお★ /

{
Part**1** では本当の自分、
Part**2** では気になるカレのこと、
Part**3** では友だちのこと、
Part**4** ではあなたの将来がわかっちゃうよ！
}

Part のめじるし

ここを見ると、どんなうらないかがわかるよ。
どのPartかわかるように、マークがついているの。
自分の性格は✿、恋愛は♥、友情は♪、未来は★だよ。
めじるしにしてね！

きょうのひとこと

毎日の運勢とアドバイスがうらなえるよ！
目を閉じてパラパラと本をめくり、ここだ！
と思ったところでストップ。右下か左下にある「きょうのひとこと」を見てね。

Part 1

本当のあなたは
どんな人？

12星座と血液型で、ホントのあなたがわかっちゃう★

エンジェル性格（長所）とデビル性格（短所）、

恋愛やクラスでのキャラなど自分のことを知っておこう！

気になるカレの性格もチェック！

星座×血液型で
もっとくわしく
わかる！

3/21〜4/19生まれ おひつじ座

+ 火のエレメント +

キホンの性格

エンジェル性格

ポジティブな チャレンジャー

明るくてパワフル！　とにかくいつも元気いっぱいで、朝からテンションが高いあなた。性格もスーパーポジティブで、ピンチさえチャンスとプラスに考えられるのが強みだよ。もちろん、ちょっとした失敗やミスではへこたれないタイプ。夢を実現するためなら、火の中水の中にも飛び込んでいく、怖いモノ知らずのチャレンジャー。

デビル性格

短気で自己チュー 負けずギライ

自己チューなところがあるおひつじ座。リーダーシップを発揮してるように見せかけて、いちばんおいしい役や出番をちゃっかり奪いとってしまう、なんてことがよくあるかも。また、負けずギライで、自分がいちばんじゃないと、ヘソを曲げるタチ。短気で怒りっぽく、気に入らない相手にはすぐケンカをふっかけるのも悪いクセといえそう。

ラッキーアイテム&カラー

スニーカー、
リストバンド、
キャスケット、レッド。

恋愛は…

好きになったら すぐアタック！ Love

好きになったら黙っていられない
性格。よく考えずにアタックして、
あっさりフラれてしまうこともあるけど、
立ち直りの早さはピカイチだよ。
すぐに別の恋を見つける根っからの
ラブファイター。好みなのは
スポーツマン。

人づきあいは…

人気者だけど 好き嫌い激しい

明るくて陽気なおひつじ座は、
友だちからの人気上々！ ただ、自分
に正直で、思ったことをズバズバ言う
ところと、好き嫌いがハッキリしてる
のが、玉にキズ。そのせいで、
「キツイ子」「わがまま」と誤解
されることも。

クラスでのキャラは…

たのもしいアネゴ

サバサバしていて面倒見がい
い女の子。困ったことがある
と、みんな助けを求めにくる
はず。存在感バツグンで発言
力もあるから、遠足やイベン
トなどみんなで力を合わせて
頑張る場面では、リーダーと
して頼りにされるよ。

おひつじ座の男子は…

行動的で負けずギライ。スポーツな
んかでは「絶対1位になってやる」と
ばかりに、真っ先にかけ出すタイプ。
正義感も強いカレは、学校のヒーロー
的存在といえるよ。ただ、短気でケ
ンカっ早いところが玉にキズ。

❤きょうのひとこと ❤ラブ運好調！ おしゃれしておでかけすれば、ドキドキしちゃうようなハプニングが。

おひつじ座 × Ａ型

エンジェル

行動的な正義の味方

正義感が強くて、曲がったことが大キライ。たとえ先生など目上の人が相手でも、まちがってると思ったら、ハッキリ伝えて反撃するはず。行動的で向こうみずに見えるけど、意外にしっかりした面もアリ。学校のルールはきちんと守るし、宿題もサボったりしない優等生な素顔も。

デビル

思い込みが激しすぎ！

乱暴な男子にも「やめなよ」と堂々と言える強さを持ってるけど、思い込みが激しいところは欠点。勝手にあの子とは気が合わないと決めつけたり…。相手が悪いと思うと、手加減しないところも心配。キツイことを言いすぎて、いじめっ子と思われないよう注意！

おひつじ座 × Ｂ型

エンジェル

個性的な感激屋さん

明るくて個性的。面白いことや物まねをしたりして、みんなを笑わせるのが得意。目立ちたがり屋だから、クラスで出し物をするときも、はりきるタイプかな。また、見かけによらず感激屋さん。ドラマを見たり、人からうれしいことを言われると、感動で泣いちゃうことも。

デビル

突然怒りのデビル顔に

突然、怒りっぽくなっちゃうことがあるよ。家族に八つ当たりしたり、やけ食いに走ったり。自己コントロールを学ぼうね。好き嫌いが激しく、感情が顔に出てしまうのも弱点。大事な場面でイヤな顔をして活躍のチャンスを失ってしまうこともあるから注意！

おひつじ座 × O型

エンジェル
元気な魅力で大活躍

エネルギッシュで活動的。やりたいことがいっぱいありすぎて、1日が24時間じゃ足りないぐらいかも。元気ハツラツで、部活や委員会でも大活躍。人をひきつける魅力や才能をたくさん持っているうえ、友だち思いのあなたは、いつも楽しい仲間に囲まれていそう。

デビル
人のフリ見て直そうね

思い立ったらすぐに行動できるのがあなたの強みであり、弱点でもあるよ。あまり深く考えずに始めてしまうから、途中で飽きたり、うまくいかなくなることも。自分のことをたな上げして人の欠点やミスを突くのも悪いクセ。まず自分の行動を反省すべき！

おひつじ座 × AB型

エンジェル
不思議スーパーガール

部活や委員会、勉強も手伝いも、なんでもテキパキこなすスーパーガール！　クールに見えて、お人よしなところがあったり、男の子の前では緊張するなど、意外にピュアなところもあるよ。優秀なのにどこかヌケている。不思議な子というのがあなたのイメージに近そう。

デビル
悪知恵で困るかも!?

よい子のイメージとは逆に、実はすごく悪知恵が働くあなた。頭がいいから、自分がやったと思われないようにして、誰かをこっそりいじめたり。また、面倒なことがキライで、ラクをしようとしがち。宿題を写したり、塾をサボるなんて、後で困るのは自分自身だよ。

おうし座

4/20〜5/20生まれ

+ 土のエレメント +

キホンの性格

エンジェル性格

いつも笑顔の頑張り屋さん

笑顔がトレードマークの優しい女の子。いつもニコニコしていて、人をホッとさせるような雰囲気を持っているから、黙ってそこにいるだけでみんなをあたたかい気持ちにさせちゃうね。また、のんびりした見かけによらず、シンの強さもピカイチ。自分が決めたことは時間がかかっても必ずやりとげる、頑張り屋さんな一面もありそう。

デビル性格

時間にルーズで執着心が強い

とにかくマイペース。今にも遅刻しそうなのに全然あわてずにゆっくりしていたり、待ち合わせしているのをコロリと忘れちゃったり。時間の感覚がルーズなところは弱点といえるよ。また、自分の持ち物に対する執着がすごく強いタイプ。貸した物を友だちが返してくれなかったり、なくしちゃうと人が変わったように怒りそう。

ラッキーアイテム＆カラー

バスケット、スカーフ、
タオルハンカチ、
ベージュ。

恋愛は…

恋にも慎重で かなりドンカン Love

慎重なおうし座は、
簡単に人を好きにならないタイプ。
しかも、かなりドンカン。友だちから
「○○君が好きなんじゃない」と
言われてはじめて、自分の恋心に
気づくことも。動物好きで
親切なカレが狙い目❤

人づきあいは…

怒らせると コワいタイプ

おっとりしていて親切なあなたは、
つきあいやすいと思われているよ。でも、
ふだん穏やかなタイプだけに一度怒らせる
と大変みたい。友だちが何度も
「ごめんね」とあやまっているのに、
なかなか許さない
ガンコさも。

クラスでのキャラは…

いやし系相談係

面白いギャグを言うわけでは
ないけれど、とにかくあなた
がいるだけで、みんな安心す
るみたい。それはあなたに、
すべてを包み込んでくれそう
な雰囲気があるせい。口が堅
いから、相談を持ちかけられ
ることも多いはず。

おうし座の男子は…

穏やかで、おっとりした性格。いつ
もニコニコしてて、めったに怒った
りしないよ。のんびり屋さんで、食
べることが大好き。ただ、意思の強
さはピカイチ。見かけによらずガン
コで意地っ張りなところがあるよ。

おうし座 × A型

血液型（けつえきがた）　エー　型（がた）

きちんとした頑張り屋

遊びや勉強、部活など、なんでも一生懸命頑張るタイプ。計画を立ててから取り組むし、最後まできちんとやりとげようとするから、「しっかりしている」と思われることが多いよ。ケンカも大キライ。もめるなら、自分がガマンすればいいと思っているんじゃない？

いつもは気弱だけど…

控えめで気弱な性格。強気な子、わがままな子の前では何も言えず、おとなしいかな。反面、自分よりも弱いと思う相手を前にするといきなり強気に。また、失敗を恐れる気持ちが強いあなたは、難しいことには手を出さないかも。成長したいなら、もっと強くなってね。

おうし座 × B型

星座（せいざ）　座（ざ）　血液型（けつえきがた）　ビー　型（がた）

ほんわかゆるキャラ♥

いわゆるゆるキャラタイプ。自然体でおっとりした雰囲気で、話すテンポやリアクションもユニーク。ボケ役になることが多いのも特徴。あなたがいるだけで、周りはほんわかした気分に。意外にマニアックでアニメ好きかも。好きなことを始めると止まらない！

ガマンができないタイプ

自分時間で動いているあなたは、「急いで」とかせかされるとヘソを曲げがち。「もうやらない」とすべてを投げ出してしまうかも。また、おうし座の中では、お金づかいがあらいタチ。おこづかいをもらったら、すぐになくなっちゃうのでは？　少しはガマンも覚えてね。

星座 おうし座 × 血液型 O型

エンジェル
優しく親切な努力家

小さなことにはこだわらず、おおらか。優しい性格で、困っている友だちを見かけると放っておけないの。親切なので、周りからも何かと頼られるシーンが多いはず。見かけによらず粘り強く、目標に向かってコツコツと努力して、みんなが驚くようなことをやりとげるよ。

デビル
おおざっぱ&食い意地が!

おおざっぱで、物の管理もいいかげん。ロッカーや机の中はグチャグチャかも。教科書を忘れたり、文房具をなくしたりもしょっちゅう。人から借りた物をなくすとトラブルになるから、注意! また、食い意地が張ってるみたい。給食の量が少なかったら、フキゲンになりそう。

星座 おうし座 × 血液型 AB型

エンジェル
頭がいいおしゃれ女子

おっとりしたおうし座にしては、キレ者。頭がよくて、空気を読むのも得意。その場に合わせた行動や発言ができるから、先生ウケもいいし、友だちもいっぱいいそう。美意識が高くて、センスがいいところも人気のヒミツ。いつもおしゃれ女子の話題と視線を集めているよ。

デビル
ちゃっかり屋で神経質

抜け目のないちゃっかり屋さん。自分にとって得だと思ったら、告げ口をしたり、大事な友だちを裏切ったりしても平気な一面が。でも意外に神経が細かいタチ。ストレスやプレッシャーがかかると、眠れないとか…。大事な場面で寝込み、みんなに迷惑をかけることも。

❤ きょうのひとこと ❤ 図書館や書店と好相性。感動モノの一冊や運命の王子様と出会える期待が高そう。

5/21〜6/21生まれ

ふたご座 ♊

＋風のエレメント＋

キホンの性格

エンジェル性格

頭がよくて
さわやかさが魅力

頭がよくて、カンが鋭いタイプ。はじめてのことでもすぐマスターしちゃって、先生や友だちを驚かせることも多いかも。理解力も高いから、もちろん勉強も得意。だからといってマジメなガリ勉というわけではないのが、あなたの魅力。風のように自由気ままで、さわやか。おしゃべりが好きで、いろいろなことに興味シンシン。

デビル性格

口が軽くて
努力がキライ

あまり頑張らなくても、たいていのことはできてしまう要領のいいあなたにとって、いちばん苦手なのは努力をすること。地道な計算問題や漢字練習など、ついついサボりがちかも。お母さんには「ちゃんと宿題やったよ」なんて平気でうそをついたり…。口が軽いのも心配。うっかり友だちのヒミツをしゃべってケンカになることも。

恋愛は…
楽しい友だち からラブに♥

Love

ノリがバツグンにいいあなたには、男の子の友だちもいっぱいいるはず。いつも楽しくおしゃべりしているうち、気づいたら好きになっているのがありがちパターンかも。帰る方向が同じカレにフォーリンラブしやすいよ。

3色ボールペン、ポシェット、ベスト、黄緑色。

人づきあいは…
誰とでもなかよく 会話できる★

テレビから、今流行りのおしゃれやレジャースポット、ゲーム、本など、とにかくいろいろな話題にくわしくて、誰とでも話を合わせられる会話の天才ガール。学年や学校に関係なく、たくさんの友だちがいるはず。

クラスでのキャラは…
明るいムードメーカー

なんでもできる優等生っぽいところもあるけれど、クラスではお笑い担当!? いつもギャグを言ったり、ボケたことをしたりして、みんなを笑わせていそう。あなたがいるだけで、その場の雰囲気がパッと明るくなるよ！

ふたご座の男子は…

陽気で楽しいキャラ。いつもジョークを言ってみんなを笑わせているよ。頭の回転も速いから、ゲームや勉強も短期間でマスターしちゃうはず。要領がよくてなんでもできるけど、飽きっぽくて努力は苦手みたい。

♥きょうのひとこと♥ 友だちの恋を応援しよう。感謝されて、あなたにも幸せのおすそわけが。

星座 ふたご座 × 血液型 Ａ型

エンジェル

ノリノリだけど努力家

陽気でノリがよく、いつも楽しげ。面白いことを言ってゲラゲラ笑う、フランクなキャラ。「悩みがなさそう」なんて言われるぐらい、お気楽に見られそう。でも、本当は努力家。学校ではふざけていても、家ではしっかりと勉強しているし、友だちにも人一倍気をつかいそう。

デビル

言葉と行動が違う!?

口で言っていることと、行動がかみあわないことが。テスト前に「勉強してないよ」と言いながら、陰で頑張って1人だけいい点を取ったり。先生の前だといい子ぶりっこしがち。努力しないでいいとこ見せたいのはわかるけど、信頼を失いたくないなら正直に！

星座 ふたご座 × 血液型 Ｂ型

エンジェル

明るくフレンドリー★

友だち作りの名人！ 明るくてフレンドリーなあなたは、誰に対してもオープンマインドで、すぐになかよくなれちゃうはず。流行にビンカンなところも◎。ホットな情報やネタをキャッチして、すぐに自分流にアレンジするのが大好き。好奇心のカタマリのような女の子だよ。

デビル

おしゃべりお調子者

「口から先に生まれてきた」タイプ。とにかくおしゃべりで、ずっと何か言っていないと気がすまないぐらい。友だちの言葉にやたらチャチャを入れて、ムッとされたり。お調子者なのもマイナス。安請け合いして、結局できなくて投げ出すことも。自分の言葉には責任を持って。

ふたご座 × O型

行動的でざっくばらん

生まれたての子どもみたいに、「なんでだろう？」といろいろなことに興味を持つあなた。しかも、パワフルで行動的。面白そうと思ったらすぐに飛びついて、試したくなっちゃう。性格はカラッとしてて、ざっくばらん。はじめて会う子にも自分から話しかけていくタイプ。

ルーズなトラブルメーカー

そそっかしくて、時間や方向をまちがえるなんてしょっちゅうだから、遅刻で迷惑をかけがち。失敗してもケロッとしていて、あまり反省しないところはヒンシュクを買うかも。ルーズでトラブルばかり起こすから、あなたと遊びに行きたくないと思っている友だちもいそう。

ふたご座 × AB型

おしゃれ女子リーダー

頭がよくて、感性が鋭いあなた。イラストや歌がうまかったり、アーティストっぽい才能を持っていそう。おしゃれも大好きで、女子のファッションリーダー的存在。あなたみたいになりたいと、髪型やアクセサリー、コーディネートなどをマネする子もたくさんいそう。

うそつき四重人格！？

二重人格といわれることが多いふたご座＆AB型。このふたつの要素を持つあなたは四重人格！？自分でもどれが本心なのか、わからなくなってしまうことも。平気でうそをついたり、友だちを裏切ったり。自分が得することばかり考えず、相手の身になって考えて。

かに座

+ 水のエレメント +

キホンの性格

エンジェル性格

優しい友だち・家族思い

心があたたかくて、とても優しい女の子。思いやり深くて、周囲を気づかうことが無意識でできるタチ。友だちの様子がいつもと違うとすぐ気づいて、「どうしたの？」「大丈夫？」なんて感じで声をかけるはず。また、家族思いのあなたは、家のお手伝いもよくするタイプ。料理やお菓子作り、部屋のそうじもお手の物なのでは？

デビル性格

お天気屋でシット深い

感情豊かなあなたは、笑ったり、泣いたりと自分の気持ちをストレートに表現するよ。周りにどう思われようと、あふれる思いを止められないようなところがあるの。そのせいで、「お天気屋」「わがまま」と誤解されてしまうことも。シット深いところも弱点。親友が別の子とちょっとなかよくしたぐらいで怒りだしちゃうほど。

24

エプロン、コットンワンピース、貝のアクセサリー、コーラル。

恋愛は…
一途でシャイで親切な人が好き Love

一途なタイプ。好きな人ができると、1日中カレのことばかり考えちゃって、ほかのことは手につかなくなっちゃう。なのに、本人の前に出るとはずかしくてフリーズしちゃうチキンハートの持ち主。親切な子が好きみたい。

人づきあいは…
人見知りが激しいけど深い絆に

人見知りが激しいから、クラス替えのときは大変。なかなか友だちができないことも。でも、一度親しくなれば、深い絆で結ばれるよ。親しくなりたい子には、ペットや家族など、自分の身近な話題をふるのが接近のヒケツだよ。

クラスでのキャラは…
なごみ系ピュアガール！

クラスでは目立たない存在だけど、あなたの優しい笑顔や雰囲気が好きって友だちが、いっぱいいるよ。あなたのそばにいると、まるで家族と一緒のときみたいに安心できるの。正直者で素直なところも人気のポイント。

かに座の男子は…
とても優しい男の子。困っている人を見かけると、「どうしたの？」って声をかけずにいられないの。でも、性格はシャイでちょっとおくびょう。授業中に手をあげたり、みんなの前で話したりは、得意じゃないみたい。

星座 かに座 × 血液型 A型

エンジェル

愛情たっぷりサービス精神

友だちや家族を大切に思う気持ちが強い、愛情にあふれたあなた。みんなを喜ばせようとして、ギャグを飛ばしたりと、ちゃめっけあるサービス精神を発揮！　記憶力もバツグン。みんなが忘れているようなことも覚えているし、社会などの暗記科目が得意なタイプ。

デビル

ちょいウザさびしがり

さびしがり屋で怖がり。トイレも誰かと一緒でなくちゃダメ、なんてちょっぴりうっとうしいタイプ。甘えん坊すぎるところが、ウザイと思われることも。おくびょうで、行動する前からあきらめモードに入ってしまうところには注意して。まずやってみるっていう姿勢を大切に！

星座 かに座 × 血液型 B型

エンジェル

大胆フレンドリー

人なつっこくておちゃめ。気取らず、自分のドジ話も笑いながら話しちゃうあなたはギャグ漫画が好きかも。飾らないキャラにはファンも多いよ。また、気が小さいかに座とは思えないほど大胆なところもあるみたい。みんながびっくりするようなことを平気でやるかも！

デビル

いじわる気分屋!?

コロコロ気が変わって、気分屋なあなた。好きなことにはのめり込むけど、苦手なことや興味のない分野はサッパリ。科目によっての好き嫌いが激しいから、成績は極端。友だちに関して、好きな子には親切だけど、苦手な相手はわざと無視したり、いじわるなところが!?

星座 かに座 × 血液型 O型

エンジェル

みんなを幸せに！

親切で面倒見のいいあなた。頼まれもしないのに友だちの世話を焼いたり、ボランティアに励んだり。みんなを幸せにするために何かしたいといつも考えている頼れる存在。動物や自然とふれあうのが趣味、おしゃれも優しいデザインが好きなど、ナチュラルな素顔も。

デビル

反撃倍返し!?

いろいろ手を貸して助けてあげたのに、相手が感謝もせずに当然な顔をしてると、親切さや優しさが一変して、怒り爆発！ 手の平を返したように冷たくしたり、反撃をしたりという、コワイ一面が。好きな男の子や親友の自由を認めないなど、独占したがるクセも×。

星座 かに座 × 血液型 AB型

エンジェル

控えめロマンチスト

ロマンチストで、想像のつばさを広げて、夢の世界を旅していることも。読書や、イラストを描くのも大好き。控えめで決してでしゃばらない性格だけど、内面の世界はとても豊かだね。1人でいるのが好きだから、友だちも多くはないけど、少ない仲間はとても大事にするよ。

デビル

へこみがちナイーブ

傷つきやすくクヨクヨしがち。友だちがなにげなく言ったことを気にして、なかなか立ち直れないようなところが。落ち込んだときは、元気に遊びに出かけて気晴らしを。また、現実と夢の区別がつかなくなることが。突拍子もない言葉で、周囲を驚かせないよう注意。

しし座

+ 火のエレメント +

キホンの性格

エンジェル性格

明るくポジティブ お目立ちアイドル

太陽のように明るくて、ポジティブ。高い理想を持っていて、自分がコレ！　と信じた道をまっすぐに突き進んでいく行動派。ゆるぎない自信と意思の強さは、星からのプレゼント。何があってもへこたれず、「絶対に夢はかなう」と信じているよ。また、パッと目立つあなたは、生まれながらのアイドル。みんなのあこがれの的かも♥

デビル性格

わがまま・うぬぼれ・上から目線

キラキラと輝くあなたは、どこへ行ってもチヤホヤされる人気者。それだけにうぬぼれやすいところは気がかり。調子に乗ってわがままばかり言っていると、みんなから総スカンを食らっちゃうから気をつけてね。また、地味な女の子や男子をバカにしたような態度をとるのもタブー。誰にでも優しいあなたでいることがスターの条件だよ。

恋愛は…

ドラマチックな
恋にあこがれ♥ Love

ドラマやマンガに出てくるような、ドラマチックな恋にあこがれそう。好きになるのは、学校一の人気者や他校のイケメン。大胆に見えるしし座だけどアタックするときは意外に慎重で、なかなか行動できないことも。

人づきあいは…

お高くとまって
いたらダメ!

あなたにあこがれる子は多いけれど、友だちとしてはつきあいづらいと敬遠されているフシが。お高くとまっていると思われているのもその原因のひとつ。友だちを増やしたいなら、誰に対してもざっくばらんでいてね。

クラスでのキャラは…

女王様

キラリと輝く魅力や個性を持っているあなたは、先生や先輩でさえ注目する存在。クラスでもかなり発言権がありそう。あなたが「〇〇したい」と言えば、アッサリ通ってしまうような有無を言わせないパワーがあるはず。

しし座の男子は…

スターオーラを持ったカレは、どこにいてもパッと目立つタイプ。いつも堂々としていて、リーダーシップもバツグン。先生や先輩からも一目置かれているよ。ただし、自信家でプライドが高すぎるのが欠点かな。

せい座 しし座 × けつえきがた Ａ型

慎重でフレンドリー

目立ちたがり屋のしし座とは思えないほど、控えめで慎重。じっくり調べてから行動に移るから、失敗はほとんどしないタイプ。また、協調性豊かなあなたは、仲間と楽しくおしゃべりしたり、遊んだりが大好き！　たくさんの友だちに囲まれて、幸せに暮らせそう。

ライバルに敵対心！

「私なんて…」と言いながら、実はプライドが高いのがしし座のＡ型。自分をよく見せようとする意識が強くて、できもしないことをできると言ったり、ライバルに対してもメラメラ敵対心が。相手に勝つためなら、誰かを裏切り、ワナにはめてもいいと思っている！？

せい座 しし座 × けつえきがた Ｂ型

無邪気でポジティブ

無邪気で天心らんまん。明るくポジティブで、失敗しても、気にしない。落ち込まず、すぐに立ち直って、また別のことに挑戦しそう。楽しいことが大好きで、それ以外のことはやりたくないし、やる必要さえ感じないタチ。面白おかしく楽しく暮らすのが将来の夢！？

テンション高すぎ！

「なんでそんなに元気なの？」と周囲からあきれられるほど、パワー満点。テンションが高すぎて、周りを疲れさせてしまうことも。自分が楽しいことは、みんなも楽しいはずと決めつける強引さも迷惑かもよ。自分の趣味に友だちをつきあわせ、ウンザリされないように注意。

星座 しし座 × 血液型 O型

エンジェル

アピ上手で度胸満点

自分を上手にアピールでき、積極的でアクティブ。度胸があるから、いざ勝負！　というときに本領を発揮。本番に強くて、文化祭で主役を演じたりしても全然平気。むしろ水を得た魚のように、堂々としたところを見せそう。頼られるとはりきっちゃうアネゴ肌な面も。

デビル

単純でガサツかも!?

単純でおせじに弱いから、調子いいことを言ってくる人にダマされて痛い目にあうことも。恋愛面でもチャラオくんには気をつけて。また、ガサツで女の子らしさに欠けるフシが。寝グセで登校したり、男子の前でＨな話をしたり。恥じらいを忘れないで！

星座 しし座 × 血液型 AB型

エンジェル

おしゃれでカンペキ主義

プライドが高くて、なんでもきちんとやりとげたいと考えるカンペキ主義者。持ち物もこだわりがあってスタイリッシュでおしゃれ！大人っぽい考え方をするから、同年代の友だちとはあまり気が合わないかも。年の離れた人や大学生となかよくなりそう。

デビル

人にきびしすぎ?

自分にきびしいあなたは、他人にもシビア。友だちにやってあげたことを返してくれないとガッカリ。「〇〇ちゃんには失望した」と、一方的に見放したり、上から目線な言葉を言いがち。同じようなことをもし自分が言われたらどうする？もっと友だちに優しくね。

♥きょうのひとこと♥ 先生や先輩ににらまれちゃうかも。相手の言うことに、反論するのはタブーだよ。

おとめ座

＋ 土のエレメント ＋

キホンの性格

エンジェル性格

乙女チックな しっかり者

星座の名前のように、乙女チックな雰囲気の持ち主。女の子好みの甘いテイストのグッズや趣味が好きだけど、性格は意外に現実的かな。周りが騒いでいるときでも、静かに自分のやるべきことをこなし、勉強も習い事もサクサク進めていけちゃう優等生。学校のルールはもちろん、人との約束も絶対に守るしっかり者だよ。

デビル性格

カンペキすぎて 人の欠点を指摘

カンペキ主義のあなたは、決められたことをきちんとやるのは得意。でも、一から十まで指示通りにしか動けず、規則やルールを周りにも押しつけがち。細かいことにばかり目が行くのも、マイナス。友だちの欠点や失敗を見つけてはチクチク指摘するのが楽しみかも。嫌われたくなかったら、アラ探しはやめてね。

ラッキーアイテム＆カラー

ヘアバンド、日記帳、プリーツスカート、紺色。

恋愛は…
王子様を待つ純愛ガール Love

ピュアな純愛ガール。恋にあこがれる気持ちは強いけど、本物の男の子を前にすると固まっちゃうタチ。いつか童話に出てくるような王子様がむかえに来てくれると夢見ているようなところも。草食系の優しい子が理想のタイプ。

人づきあいは…

気配り上手でナイスフォロー

気配り上手なあなたは、友だちがどうして欲しいのか、いつも考えて行動していそう。かゆいところに手が届くフォローができるから、みんなから「優しい子」と思われているよ。反面、お人よしでNOと言えない一面も。

クラスでのキャラは…
ご意見番

クラスでは物静かで、でしゃばらないあなた。授業中おしゃべりをしたりせず、周囲を観察しているみたい。ときどき鋭い意見を言って、みんなを驚かせそう。「〇〇ちゃんはどう思う？」なんてアドバイスを求められることも。

おとめ座の男子は…
文学少年タイプ。みんなでワイワイ騒ぐより、1人で本を読んでいるのが好き。清潔感があり、きちょうめん。校則やルールもきちんと守るから、先生ウケはバツグン。反面、ナイーブでクヨクヨしやすいタチ。

星座 おとめ座 × 血液型 Ａ型

エンジェル
優しいキチントさん

きちょうめんで優しい性格。パッと目を引くハデさはないけれど、勉強も委員会もきちんとやり、部活や習い事にもコツコツと打ち込み、大きな成果をあげそうだね。友だちには親切で、頼まれたことはたいてい断ることなく、ふたつ返事で引き受けそう。

デビル
突然キレる潔癖症

どんなときでもイヤな顔ひとつしないあなただけど、内心は「なんでこんなこと頼むわけ？　ムカつく」とばかりに、イライラムカムカしていることが多いかも。心配なのはガマンの限界を超えたとき。突然キレて周囲をあぜんとさせがち。潔癖症なところもご用心。

星座 おとめ座 × 血液型 Ｂ型

エンジェル
面白マジメガール

マイペースで個性的なＢ型＆優等生タイプのおとめ座という正反対の性格をあわせ持つあなたは、面白マジメでユニーク！　人なつっこくてノリがよく、天然ボケぶりを発揮してみんなを喜ばせそう。ふざけていても根はマジメで、勉強や部活も熱心に取り組むよ。

デビル
こだわりツッコミ屋

気さくに見えるけれど、自分なりのルールややり方にこだわりが。だから先生や親など目上の人からでも、あれこれ言われるのが大キライ。でも、他人のミスや不正は見過ごせないところが。ひとこと多く、鋭いツッコミやあげ足取りでけむたがられているかも。

星座 おとめ座 × 血液型 O型

エンジェル

頑張り屋リーダー

繊細なお嬢様というイメージのおとめ座とは思えない、タフさを持っていて、サバサバして男っぽいぐらい。実行力があって、何をしても確実に成果をモノにする頼もしさが。責任感も強くて、人一倍頑張り屋。生徒会や部活でもみんなを引っぱっていくリーダー！

デビル

やりすぎ毒舌ガール

ついやりすぎてしまうところが弱点。適当なところでやめておけば、みんなもホメてくれるのに、徹底的にやろうとしたせいで大ブーイングになることも。文化祭の準備などもほどほどに。言葉がキツくなりやすいところにも注意。ミスを伝えるときはマイルドにね。

星座 おとめ座 × 血液型 AB型

エンジェル

大人ミステリアスガール

気分や天候によって、性格が変わるタイプ。調子がいいときはハイテンションなのに、悪いと別人みたいにおとなしかったり。そんなわかりにくいキャラが、大人びてステキに見えそう。みんなから「将来有名になりそう」とひそかに思われている可能性も。

デビル

イヤミなナルシスト!?

神経質で、細かいことが気になってしかたない性格。貸した本を友だちが汚したりすると、イヤミをネチネチ。ささいなミスが許せなくて絶交しちゃうことも。また、あなたはけっこうナルシスト。鏡で自分の顔を見てウットリしたり、うぬぼれ発言で浮かないように注意してね。

てんびん座

+ 風のエレメント +

キホンの性格

エンジェル性格
**正義感強く
上品でおしゃれ**

上品でおしゃれなあなた。愛くるしい笑顔と礼儀正しい態度で、会った人をトリコにしてしまう才能を持っているよ。チャラチャラしていなくて、落ち着いた雰囲気を持っているから、大人からの好感度も高いはず。穏やかな性格だけど、正義感は強め。いじわるをする子には「やめなよ」とハッキリ言える強さがとても魅力的。

デビル性格
**優柔不断で
八方美人**

ふたつのてんびんがゆれ動くように、あなたもかなり優柔不断。意見を右へ左へと変えたり、あっちの味方かと思うとこっちの肩を持ったりして、周りを混乱させそう。恋愛面でも同じ。好きと言ってくれる男の子みんなにいい顔をして、結局、全員からソッポを向かれてしまう危険が大アリ。一度決めたことはちゃんと守ってね。

ラッキーアイテム＆カラー

花の香り、
花柄アイテム、
ハンドバッグ、
パステルピンク。

恋愛は…

メンクイで
ホレっぽい

Love

ズバリ、メンクイ。カッコいいとそれだけで好きになっちゃう。意外にホレっぽくて、いつも「いいな」と思っている子が何人かいる状態かも。でも、簡単には的をしぼれないタチ。グループ交際で愛を育むと幸せになれるよ。

人づきあいは…

誰に対しても
平等に接する

争い事がキライな平和主義だから、友だちとトラブルになることはほとんどないはず。誰に対してもフェアで、平等に接するように心がけているみたい。だから友だちは多いけれど、親友と呼べる子は実は少ないかも。

クラスでのキャラは…

みんなのあこがれ！プリンセス

エレガントな魅力を放つあなたは、クラスでも愛されて大切にされているよ。あなたが意見を言えば、どんなささいなことでもみんな耳を傾けてくれるはず。出し物では、絶対に目立つ役に推薦されちゃうタイプ★

てんびん座の男子は…

おしゃれで社交的、どんな人にも話題を合わせられるタイプ。自然と友だちがいっぱいに。美的センスも光っていて、工作や絵を描くのが得意な子も多いはず。スマートでモテモテだけど、優柔不断なのが弱点。

星座 てんびん座 × 血液型 A型

モテ²有名人!

協調性豊かな社交家。自分のクラスだけでなく、別のクラスの子にまであいそを振りまき、アッという間にみんなと友だちになっちゃう。顔が広くて、学校の有名人みたい。もちろん男子からもモテモテでお誘いがひっきりなし。いつもいろいろな男の子とデートかも!?

のぞき見好きミーハー!?

ミーハーで野次馬精神が強いあなた。友だちの問題に興味本位で首をツッコんだり、あることないことウワサしてみたり。他人事だとふざけていると、のちのち大変なことになりかねないよ。のぞき見精神は封印して！ 親友のカレにちょっかいを出すのも×。

星座 てんびん座 × 血液型 B型

にぎやかムードメーカー

にぎやかに騒ぐのが大好き。おしゃべりでフレンドリーなあなたは、どこでも引っぱりだこ。イベントを盛り上げるムードメーカーとして、誕生会などに必ず呼ばれる存在のはず。おしゃれが個性的なところも◎。誰も考えつかないようなコーディネートに視線集中！

無責任で自己チュー!?

責任感がないところがネック。予定や計画を自分の都合で人に押しつけることがありそう。また、お金の感覚がちょっとアバウト。小銭を借りてそのまま、すっかり忘れてまた借りるなんてことが。友情を失いたくないなら、身勝手なふるまいはやめて。お金の貸し借りも×。

てんびん座 × O型

オープンな愛されキャラ

ドライでオープン。特定の人と深くつきあうより、おおぜいとワイワイが好き。明るくて誰とでも打ちとけられるから、学校内に限らず、塾や習い事まで、友だちの数とバラエティーの豊かさはナンバーワン。愛されオーラ＆モテビームが出ているとのウワサも!?

要領いいけどアバウト

要領がよくて、勉強やスポーツ、なんでもサクサクとこなしちゃう。それを鼻にかけてるけど、実は器用ビンボウの傾向が。たいした特技じゃないのに自慢してると、そのうち恥をかくかもよ。アバウトでツメが甘いのも弱点。テストでは、計算ミスの嵐に気をつけて！

てんびん座 × AB型

知的で鋭いオトナ

頭がよくて、一瞬で本音を見抜くような鋭さがあるよ。観察力もバツグンで、友だちに何かあったら、すぐわかっちゃうけど、人のことには口を出さない主義。相手が相談してくるまでは黙って見守るはず。物知りだけど、余計なことは言わないのが大人っぽい。

皮肉な上から目線

いろんなことがわかりすぎるだけに、皮肉っぽくなりがち。友だちが失敗したとき、「だから言ったじゃない」なんて上から目線な発言をして、傷つけてしまうことが。意外によくばりで幸せを手にしても、「ほかにももっといい物があるかも」と、目移りする悪いクセがありそう。

さそり座

10/24〜11/22生まれ

+ 水のエレメント +

キホンの性格

エンジェル性格

**情熱を秘めた
ミステリアスガール**

大人っぽい雰囲気を持った女の子。物静かで、ちょっぴりミステリアス。誰かが面白いことを言っても大笑いしないし、自分の気持ちを表に出さないから、「あの子何を考えているんだろう？」って思われているかも。一見おとなしいけれど、胸の内には激しい情熱を秘めたあなた。いったん目標を決めるとスゴイパワーを出すよ。

デビル性格

**一度決めたら
ガンコで執念深い**

一度決めたら、あとには引けないガンコなところがあるよ。状況が変わってしまったのに、「絶対こうでなきゃダメ」と言いはったり、自分の意見にいつまでもしつこくしがみついたり…。思い通りにならないと、相手をうらむ執念深さはかなりのもの。友だちをなかなか信用せず、いちいち疑ってかかる傾向にも、気をつけてね。

カギつき宝箱、キャミソール、推理小説、ワインレッド。

恋愛は…
好きになったら ひたすら一直線 Love

誰かを好きになったら、ほかの男子なんて目に入らなくなるぐらい、一途に恋しちゃう。ただ、かなりのやきもち焼きだから、カレがほかの女子とおしゃべりしているだけでイライラ。個性的なタイプと恋に落ちる運命♥

人づきあいは…
信頼する相手と 深くじっくり

たくさんの子とワイワイやるより、信頼できる相手とだけ深く、じっくりとつきあいたいと思うあなた。ヒミツ主義で本音は見せないタチだけど、親友になった子の前ではギャグを言ったり、楽しい素顔を見せることも。

クラスでのキャラは…
無口で不思議ちゃん

みんなが騒いでいても、1人だけ本を読んでいたり、教室からフッといなくなったり…。どこか大人びた雰囲気の持ち主だよ。ふだんは静かだけど、ときどきドキッとするような鋭いことを言って、みんなを驚かせるかも。

さそり座の男子は…

ミステリアスな男の子。自分のことはあまり話したがらず、いつの間にか姿を消してる…なんて感じ。どこか影があって、大人びて見えるよ。口数は少ないけど、やるときはやるタイプ。おませで隠れHな素顔も！

星座 さそり座 × 血液型 Ａ型

エンジェル
ガマン強い頑張り屋

大変でも途中で投げ出したりしない頑張り屋。ツラくても「あきらめたらダメ」と歯を食いしばってガマン。何事もマスターするのに時間がかかるから、すぐに大活躍はしないけれど、ジワジワと頭角を現すタイプ。はじめは目立たないけれど、後で驚くような結果が！

デビル
空気読めない二重人格!?

人見知りが激しくて、警戒心も強く、ノリが悪いと思われていそう。みんな盛り上がっているのに、1人だけブスっとして空気読めないことも。ただ家族や親友の前では、わがままで甘えん坊キャラに大変身!? そんな二重人格っぽいところが、友だちに敬遠されるよ。

星座 さそり座 × 血液型 Ｂ型

エンジェル
個性的なカリスマキャラ

こだわりがあって個性的。みんなが選ばないようなグッズを愛用するなど、目立たない部分でも人とは違うというオリジナリティで別格の雰囲気があるよ。行動や発言が大胆でみんなを驚かせることも。「あの子にはさからえない」と思わせるような、カリスマオーラが。

デビル
思い込み激しいマイウェイ

考えにブレがなくて、思い込みが激しい性格。自分が正しいと思ったら、他人の意見には耳も貸さず、ゴーイングマイウェイ。周囲のことはおかまいなしで、自分勝手と思われそう。アクの強さで友だちを疲れさせちゃうことも。相手の気持ちを考え、合わせるようにして。

さそり座 × O型

エンジェル
勇気あるハッキリガール

困難にも立ち向かっていく勇気と行動力アリ。チャレンジ精神旺盛で、目標をクリアすると、さらに高い夢へとハードルを上げていくはず。性格はハッキリしていて、白黒つけたいタイプ。ウジウジがキライで、「言いたいことがあるならハッキリ言って」と思うタイプだね。

デビル
スリル好きいじわるさん

スリル好きで、周りがヒヤヒヤするようなことばかりやっちゃう。わざと怒られそうなことをやるとか。ちょっぴりいじわるな面もアリ。友だちの困った顔が見たくて、イヤがることや傷つくようなことを言ったりしがち。自分がされてイヤなことは人にもしないでね。

さそり座 × AB型

エンジェル
人あたりよくスマート

さそり座の思い込みの激しさが、AB型のスマートさによってセーブされるあなたは、人あたりがよくてソフト。マニアックなところもなく、ごく一般的なグループに入っているはず。でも、みんなといなくても大丈夫。読書など自分の楽しみを見つけられそう。

デビル
一生仲直りナシ!?

一見女の子らしい印象を与えるけど、実は中途半端なことがキライ。特に自分が熱中していることに口出しされようものなら、すごくフキゲンになりそう。また、一度苦手意識を持ったことは受けつけなくなる傾向が。大ゲンカをした友だちとは一生仲直りしないかも。

いて座

11/23〜12/21生まれ

✛ 火 のエレメント ✛

キホンの性格

エンジェル性格

明るく前向きで視野が広い考え

おおらかで、なんでもポジティブに考えるあなた。ちょっとぐらい失敗したり、大変なことが起きても、「ま、いいか」と笑い飛ばせる明るい性格だね。無理めな目標でも、「まずやってみなきゃわからない」と前向きに考えて行動できるよ。考え方が柔軟で、視野が広いのも魅力。将来は世界をまたにかけて活躍する大人になっちゃうかも。

デビル性格

型にハマらず三日坊主

自由でのびのびした性格なのは悪いことではないけれど、型にハマるのが苦手で、こうしろ、ああしろと言われると、プイッとそっぽを向いてしまいそう。好奇心旺盛で、いろんなことに手を出しては、どれも三日坊主で投げ出しちゃうのも悪いクセ。「〇〇できたらお菓子を食べていい」とか、自分にごほうびを用意して頑張って。

恋愛は…
インスピレーションLove
で行動しちゃう

サッカーしている姿がカッコいいとか、偶然見かけたときの服がおしゃれだったとか、そんなささいな理由で人を好きになりやすいタイプ。インスピレーションで動くから、展開もスピーディー！ハーフっぽい子と相性◎。

ラッキーアイテム＆カラー

外国のコイン、缶ペンケース、ショートパンツ、バイオレット。

人づきあいは…
オープンで陽気
男友だちも多い

オープンでざっくばらん。裏表がなくて陽気な性格だから、ファンがいっぱい。一緒にいると、みんな楽しいって思うみたい。また、女の子にしてはサバサバしているあなた。男の子の友だちが多いのも特徴といえるよ。

クラスでのキャラは…
明るく元気な盛り上げ役

いつも話題の中心にいるタイプ。みんなの話に大笑いしたり、ツッコミを入れたりして、どんどんクラスを盛り上げるよ。好奇心旺盛で、頭の回転も速いから、どんな話題でも面白おかしく反応できちゃうところがスゴイ。

いて座の男子は…

明るく元気いっぱいなカレは、外で体を動かして遊ぶほうが好き。体育会系の部活で活躍していることが多そう。性格はカラッと陽気で前向きなキャラ。ただ、細かいことには気が回らず、少々おっちょこちょい。

いて座（せいざ） × Ａ型（がた）

エンジェル

努力家しっかり姉さん

自由でやりたいことをやっているというイメージのいて座。でもＡ型は人の気持ちや自分の置かれている立場もわかる、しっかり者のお姉さん。部活の部長など、リーダー役に推薦されることが多そう。コツコツと努力できるので、宿題をためることはないタイプ。

デビル

意外に気が弱い小心者

カラッとしていて小さなことは気にしないいて座だけど、あなたは意外と気が弱いタイプ。クヨクヨ悩んだり、いじわるしてきた友だちのことをずっとうらんだり。失恋からの立ち直りも遅いほう。人からどう思われるかなんて気にせず、もっとみんなを頼ってみて。

いて座（せいざ） × Ｂ型（がた）

エンジェル

旅するアクティブ冒険者

アクティブでエネルギーあふれるあなた。「やりたい」と思ったら、持ち前の行動力でどんどん未知の世界へと切り込んでいきそう。じっとしているのが苦手で、あちこち放浪するクセも。冒険者の魂を持ったあなたは、いつも遠い空の下を旅することを夢見ていそうだね。

デビル

よくばり気分屋さん

飽きっぽくて、何か手に入れても、すぐに別の物が欲しくなるみたい。クラスのグループも気分でどんどん変えていくから、特定のなかよしさんは少ないみたい。ルールを押しつけられるのも大キライ。「〇〇しなくちゃダメ」なんて言われようものなら、すぐブスッとしそう。

星座 いて座 × 血液型 O型

エンジェル

前向き元気ガール

ハツラツ元気！　みんながつまらなそうと避けるようなことでも、「とりあえずやってみよう」と思える前向きさがあり、大変なことでもゲーム感覚で楽しんで攻略できるよ。のびのびして活動的だから、外で遊ぶのも大好き。自然散策などに出かけるとウキウキ★

デビル

勝負にこだわりすぎ！

無理そうなことも「なんとかなるっしょ」と気軽に引き受け、結局できずに迷惑をかけたり、信頼を失ったり。勝ち負けにこだわるところも困ったちゃん。試合が白熱して、ズルい手を使う、なんてことがないよう気をつけて。アツくなりすぎていると思ったら深呼吸！

星座 いて座 × 血液型 AB型

エンジェル

憎まれない自由人

ひとことでいうなら、自由人。いつも友だちに囲まれているというわけではなく、好きなときにフラッとやってきて、気づくといなくなっているというのがよくある行動パターン。面倒なことからもサッと逃げ出すけれど、不思議とみんなから憎まれないお得なキャラ。

デビル

おしゃべりで無神経!?

にぎやかなあなたがいると、みんなのテンションが一気にＵＰ！　でも話の内容は適当で、面白おかしく、その場にいない人をダシにして勝手な創作をしそう。悪気はなくても、その無神経さに腹を立てる人がいるかもしれないから、言動には責任を持ってね。

♥きょうのひとこと♥ 周囲の目がうるさそう。近所の人に会ったら、あいさつを。ゴミのポイ捨ても×。

やぎ座

+ 土のエレメント +

キホンの性格

エンジェル性格

マジメに頑張る和風美人

マジメで落ち着いた雰囲気の持ち主。責任感が強くて、ガマン強い性格だから、係の仕事、部活での役割、宿題や家の手伝いなど、与えられた仕事は、文句ひとつ言わずにきちんとやりとげるよ。黙々とあなたの頑張る姿を見て、みんなひそかに「スゴイ」って思っているかも。おしゃれは、着物や黒髪など、和風な物が似合うタイプ。

デビル性格

消極的でヘコみやすい

周りに流されない強さを持ったあなただけど、実は意外にマイナス思考で消極的。物事や友だちの言葉を、悪いほうにばかり考えて動けなくなってしまうことが。周りと自分をくらべて落ち込んだり、「どうせ自分なんか」とやけになったり…。あなたは自分で思っているよりも長所をたくさん持っているよ。もっと自信を持って。

恋愛は…
安定した恋に あこがれちゃうけど
Love

12星座の中でいちばん安定した恋を好むのがやぎ座。お願いしたことをきちんとやってくれるような、優しくて誠実な男子を好きになりそう。ただ、自己アピールは苦手だから、自分からはなかなかアタックできないかも。

人づきあいは…
友情は一生 ずっと続きそう

太く長くがモットー！
一度友だちだと思うと、その気持ちを持ち続けるタイプ。クラスや学校が変わっても、ずっと交際を続けそう。大人になってからも、子ども時代の親友となかよくしているなんてことがよくあるはず。

クラスでのキャラは…
頼りになるお姉さん

同年代の子にくらべてお姉さんぽく見られることが多いあなた。クラスでは、すごく目立つタイプというわけではなさそう。でも、いつもクールにみんなを分析しているから、いざというとき意見を求められることが多いよ。

やぎ座の男子は…

マジメで責任感が強いカレ。なんでも慎重に進めていくから、最初は目立たないけど、大きくなるにつれて頭角を現すタイプ。人づきあいは苦手なほう。でも、辛口のジョークや意外なユーモアセンスが人気かも。

星座（せいざ） やぎ座（ざ） × 血液型（けつえきがた） Ａ型（エーがた）

エンジェル

正直（しょうじき）なザ・優等生（ゆうとうせい）

クラスではおとなしいキャラだけど、誠実（せいじつ）なところは、みんなから「あの子（こ）は裏切（うらぎ）らない」と高評価（こうひょうか）されているよ。頼（たの）まれたことはきちんとやるし、約束（やくそく）やルールもきっちり守（まも）る優等生（ゆうとうせい）。先生（せんせい）からの信頼（しんらい）も厚（あつ）そう。コツコツ努力（どりょく）を続（つづ）け、大（おお）きな夢（ゆめ）を実現（じつげん）するパワーも秘（ひ）めているよ。

デビル

マジメすぎて告（つ）げ口（ぐち）?

マジメなところが長所（ちょうしょ）であり、欠点（けってん）でもあるの。友（とも）だちが校則（こうそく）を破（やぶ）ったりすると、ガマンできなくて、つい先生（せんせい）に言（い）いつけてしまったり。みんなで計画（けいかく）を立（た）てていると、いちいちツッコんで水（みず）を差（さ）すことも。きちんとしないと納得（なっとく）できないのはわかるけど、空気（くうき）を読（よ）んで。

星座（せいざ） やぎ座（ざ） × 血液型（けつえきがた） Ｂ型（ビーがた）

エンジェル

明（あか）るく陽気（ようき）な一匹狼（いっぴきおおかみ）！

マジメで目立（めだ）たないイメージとは違（ちが）って「本当（ほんとう）にやぎ座（ざ）?」と疑（うたが）われるくらい、明（あか）るくて陽気（ようき）なＢ型（がた）。ギャグを言（い）って、みんなを笑（わら）せることも大好（だいす）き。また、同年代（どうねんだい）の友（とも）だちにくらべて自立心旺盛（じりつしんおうせい）。ワイワイやるのは好（す）きだけど、群（む）れたりせず単独行動（たんどくこうどう）を好（この）むタイプ。

デビル

クールでそっけない!?

フレンドリーに見（み）えて、実（じつ）は人（ひと）は人（ひと）、自分（じぶん）は自分（じぶん）と割（わ）り切（き）っているあなた。友（とも）だちが悩（なや）みを相談（そうだん）してきても、関係（かんけい）ないことは聞（き）き流（なが）して「大変（たいへん）だね」とか言（い）いながら、別（べつ）のことを考（かんが）えたり、そっけなさが目立（めだ）ちそう。自分（じぶん）にとって損（そん）か得（とく）かで物事（ものごと）を判断（はんだん）しやすいところも注意（ちゅうい）。

星座 やぎ座 × 血液型 O型

エンジェル めげずにパワーで目標達成

堂々としていて、ひるまない性格。たまに型破りな行動で、みんなを驚かせることも。目標がハッキリしていて、自分だけの世界を持っているよ。粘り強さが足りないけれど、それをカバーするパワーを持っていそう。失敗してもめげず、大きな夢を達成するよ。

デビル 大人の指図にイライラ

自分をしっかり持ったあなたは、大人であっても指図されるとフキゲンになりがち。先生に反抗したり、生意気な口をきいてにらまれることも。ブレないのはカッコいいけど、そのせいで自由や活躍の場が奪われているかも。長い物に巻かれることも覚えてね。

星座 やぎ座 × 血液型 AB型

エンジェル ボケもツッコミもおまかせ

マジメなイメージのやぎ座だけど、あなたは空気を読むのがうまくて、社交的。その場のムードに合わせて、ボケたりツッコんだり、すばやく対応できるよ。誰とでもなかよくできるから、友だちもいっぱいいそう。お姉さんブランドなど、大人っぽいおしゃれが好き。

デビル 応用がきかないキチントさん

見かけによらずキチントさん。何かに取りかかるときは、まず計画を立ててからじゃないとダメ。そして、考えた通りに進めなくては気がすまないタチ。ちょっとでも計算と違うと、もうお手上げ。物事には例外もあるということを学んで、応用力を磨こうね。

みずがめ座

1/20〜2/18生まれ

+ 風(かぜ)のエレメント +

キホンの性格(せいかく)

エンジェル性格(せいかく)

クールで個性的(こせいてき)
明(あか)るくサバサバ

クールでカッコいい女(おんな)の子(こ)。みんなが知(し)らないようなマニアックな情報(じょうほう)やケータイなどのメカにくわしかったり、変(か)わった趣味(しゅみ)を持(も)っていたり…。個性的(こせいてき)で、黙(だま)っていても自然(しぜん)と目立(めだ)つタイプ。でも、性格(せいかく)は明(あか)るくてサバサバしているから、友(とも)だちはいっぱい。年上(としうえ)の変(か)わり者(もの)や習(なら)い事(ごと)の仲間(なかま)など、ネットワークのユニークさもピカイチ。

デビル性格(せいかく)

自信(じしん)ありすぎて
ちょっと反抗的(はんこうてき)

「自分(じぶん)はできる」とひそかに思(おも)っているあなたは、どんなときも自信満々(じしんまんまん)。確(たし)かにひと味違(あじちが)うセンスを持(も)つあなたのやることはスゴイことも多(おお)いよね。でも、いつでもカンペキというわけでもないはず。人(ひと)の意見(いけん)にきちんと耳(みみ)を傾(かたむ)けないと、とんだカン違(ちが)いをするよ。年上(としうえ)に反抗(はんこう)したがるのも悪(わる)いクセ。にらまれて損(そん)をするのはあなただよ。

52

恋愛は…
友情から自然に始まる恋 Love

あなたの恋は、友情から始まることが多いよ。仲のいい男友だちのことが、気づいたら好きになっていたというのがよくあるパターン。頑張ってアタックしたりせず、自然に関係を深めていくよ。趣味が似てるカレと相性◎。

ラッキーアイテム＆カラー

ケータイストラップ、虫眼鏡、サンダル、シルバー。

人づきあいは…
友だち多いけど束縛は苦手

友だち作りの名人。同級生だけじゃなく、先輩などとにかくいろいろなところに仲間がいるはず。ワイワイ楽しくやるのは好きだけど、シリアスな関係は苦手。束縛されるのもキライだから、しつこい子は避けちゃうことも。

クラスでのキャラは…
アイデアガール

ヒラメキ力バツグンのあなたは、面白いことを考え出す才能がピカイチ。文化祭の出し物やイベントのアイデアを出すときは大活躍間違いなし！情報通でテレビネタやおしゃれにくわしいところも、一目置かれるポイント。

みずがめ座の男子は…

博識＆マニアック。変わった趣味を持っていたり、パソコンやケータイにくわしかったりと、みんなから頼りにされているよ。ただ、根がクールでサッパリした性格なだけに、冷たいと誤解されることもしばしば。

♥きょうのひとこと♥ お気に入りの服やアクセサリーが見つかりそう。いつもは行かない店をのぞいてみてね。

星座 みずがめ座 × 血液型 A型

エンジェル 友だち思いで一緒に頑張る

ピュアで友だち思い。大切な仲間のためなら、火の中水の中に飛び込んでいきそう。一緒に頑張る人がいたほうがやる気が出るから、勉強も部活も、1人より、みんなで楽しく取り組むほうが成果はあがるはず。個性派の多いみずがめ座の中では、穏やかな性格。

デビル 流されてサボったりしないで

周りに流されやすいところが弱点。いけないとわかっているのに、友だちから誘われるとNOと言えずに、つい悪いことをやってしまいそう。みんながサボっているから自分も、なんて考えがちなところも。後で困るのはあなた。やるべきことはきちんとやってね。

星座 みずがめ座 × 血液型 B型

エンジェル 生まれながらのチャレンジャー

勇気があって個性的！　誰もやったことがないことに、どんどん挑戦していくよ。プロ顔負けの特技があるなど、ほかの子とはひと味もふた味も違うのがスゴイところ。好奇心旺盛で、いつも「何か面白いことはないかな？」って、目をキラキラさせて探していそう。

デビル 空気読まないマイペース

集合時間だというのに、1人だけ勝手に遊びに出かけてしまったり、みんなが真剣モードに入っているとふざけて気を散らそうとしてみたり。あまのじゃくで、ダメと言われれば言われるほどやりたくなっちゃうところも。大目玉を食らいたくないなら反抗はほどほどに。

みず がめ座 × O型

エンジェル
やるときはやる理系女子

冷たそうな雰囲気のみずがめ座。でも、O型は陽気でフランク！楽しい会話でみんなをハッピーに。また、強い意思と切れ味のいい頭脳が備わっていて、お気楽なキャラに見えても、やるときはやるタイプ。数字に強くて、理系科目は勉強しなくても、いい点かも。

デビル
弱みを見せない強がりさん

サバサバしているだけでなく、言葉づかいや態度、おしゃれの好みも、どこかボーイッシュ。ノー天気さや神経の図太さも。それって、自分の弱みを見せないための強がりかな？　あれこれイジられたりして腹が立つなら、正直に自分の本音や状況をちゃんと伝えて。

みず がめ座 × AB型

エンジェル
物知りでロマンチスト

頭がよくて、研究心旺盛。興味を覚えたことは、自分でどんどん調べちゃう。分析力も優れていて、「しくみはどうなっているの？」なんて考えることも大好き。いろいろな知識があるおかげで、物知りと評判。意外にロマンチスト。心の中には夢の世界が広がっていそう。

デビル
努力が苦手で挫折多し

アイデアガールのあなたは、楽しいことを次々と思いつきそう。でも、実行しようとすると、面倒になって途中で投げ出しがち。せっかくのヒラメキをムダにしないためにも、協力者を探すなど、挫折しない工夫を。コツコツ努力するのが苦手なところも、克服しようね。

❤きょうのひとこと❤ ケンカしていた友だちと仲直りできるかも。楽しい話題をふるのが、そのきっかけに。

2/19〜3/20生まれ

うお座

+ 水のエレメント +

キホンの性格

エンジェル性格

天使のように優しく、感性豊か

ピュアで天使のように優しいハートを持っているよ。カンもよくて、すぐに人の気持ちを感じとれるタイプ。友だちのちょっとした表情から「何かあったのかな？」とピンときちゃうし、泣いている子を見ると自分まで悲しくなっちゃいそう。また、感性が豊かで、表現力もバツグン。アーティストや芸能人として活躍する人も。

デビル性格

優柔不断な甘えん坊

あなたはすごく甘えん坊で、人に頼ろうとする気持ちが強いみたい。ちょっと困ったことがあると、すぐに助けを求め、なんでも人にやってもらおうとするでしょ？「たまには自分でやったら」と、ひそかにウザがられているかもしれないよ。優柔不断なところが、周りをイライラさせちゃうことも。自分の意思をハッキリと持とうね。

星型の小物、
オルゴール、クレヨン、
うす紫。

恋愛は…
優しくされたら 恋に落ちちゃう!? Love

はかなげな雰囲気があるあなたは、
男の子が守ってあげたいと思う魅力の
持ち主。かなりモテるタイプのはず！
感受性が鋭いから、ちょっと優しく
されたり、笑顔を向けられたり
すると、すぐに恋に
落ちちゃうことも。

人づきあいは…
お人よしは いいけれど…

優しくて人に合わせるのも上手
だから、人づきあいでは苦労すること
はなさそう。でも、お人よしなところ
は気がかり。ズルい友だちに
面倒なことを押しつけられたり、好き
なカレを奪われたり
しないようにしてね。

クラスでのキャラは…
素直でかわいいキャラ

あなたがその場にいるだけで、
ほんわかしたムードに包まれ
ちゃうかも。いやしオーラは
12星座中ナンバーワン！ ま
た、素直で愛らしさもいっぱ
い。クラスのマスコットガー
ル的存在として、みんなから
愛されているよ。

うお座の男子は…

面倒見がよくて親切。頼まれるとNO
と言えず、何でも引き受けてしまう
の。感受性が鋭く、人の苦しみや悲
しみを自分のことのように受け止めら
れるのが、うお座の特徴かな。欠点は、
自分に甘くてルーズなところ。

♥きょうのひとこと♥ 集中力バツグンの日。面倒だなと思うことでも、一度始めてしまえばすぐ終わるよ。

うお座 × Ａ型

生まれながらのいやし系

誰にでも優しくて親切。友だちの気持ちを大切にして、自分のことはいつも後回し。「助けて」なんて言われたら、飛んでいっちゃう。そんなピュアなハートがキラキラしているあなたのことがみんな大好き。また、ムダづかいせず、欲しいものはおこづかいを貯めて自分で買うよ。

尽くしすぎてヤバい！

心優しいけれど、何も考えずに尽くしすぎてしまう傾向が。あなたをダマそうとする人のワナに引っかかりそうだから注意！　相手のことが本当に大切なら、きびしくすることも大事だよ。好きでもない男の子には、必要以上に親切にしないほうが身のため。

うお座 × Ｂ型

人なつっこくて鋭い

どんな場面にも一瞬でとけこんでしまいそう。はじめて会った人とも、昔からの友だちのようにすぐなかよくできそう。また、感覚が鋭くて、いろいろなことが一瞬でひらめくよ。フィーリングで生きているけれど、不思議と失敗は少ないし、毎日楽しみでいっぱい。

天使とデビルをあわせ持つ

天使のような清らかさとデビルのようないじわるさを持ったあなた。正反対の性格がクルクルと入れ替わるから大変。さっきまでゴキゲンだったのに、急にフキゲンになったり。カルシウムをたっぷりとることが、イライラを防いで、友だちとの関係をこわさないヒケツ。

星座 うお座 × 血液型 O型

エンジェル

夢多き親切さん

自分を犠牲にしても人のために尽くしたいと思うタイプ。うお座にしては行動力もあるから、「友だちが困っている」と思うと、体が動き出しちゃう。また、未来志向のO型は、大きな夢を持っているよ。それをかなえるためなら、どんなことでもやろうと決意しているはず。

デビル

いじわるが伝染しちゃう

世話好きだけど、大きなお世話が得意ワザ!?　また、実は周りからの影響をすごく受けやすいタイプ。性格の悪い子のそばにいると、一緒にいじわるをしがち。それに、なぜか悪いことをする友だちをひきつけてしまいやすいの。意思を強く持って、悪友とは離れよう。

星座 うお座 × 血液型 AB型

エンジェル

ミステリアス不思議ちゃん

やることなすこと現実離れしていて、みんなをドキドキさせていそう。でも、変わったことをやっても、なぜか憎まれないところがいいところ。また、空想好きで、いろいろなことを妄想していることも多いあなた。将来は作家や詩人として活躍する可能性も。

デビル

計算でユニークを演じる!?

ヘンなことをしても許されてしまうけど、それって無意識のうちに計算してやっているみたい。実はしたたかで、ズルがしこい一面が。わからないフリをして人に面倒を押しつけたり、宿題をちゃっかり写させてもらったり。自分のためにならないことはやめてね。

もっと HAPPY GIRL になれる おまじない

ハッピーガール

自分を高めるおまじないと、ハッピーになれるチャームを紹介するよ♥

かわいくなれるおまじない

50 cm

白とピンクのリボンを、それぞれ50cmほど用意してね。白いほうのまんなかにハートマーク、ピンクにはあなたのイニシャルを描き、2本重ねてチョウ結びにするの。それを高く持ち上げ、「ビーナスよ、恵みを与えたまえ」と唱えてから、おでこと胸に当てて。チョウ結びにしたリボンは、お守り代わりに持ち歩くとグッド。自然と魅力がUPしちゃうはず★

ハッピーチャーム 1 花のかんむり

咲きほこる花は、女の子らしさの象徴。野の花で、お姫様がかぶるようなかんむりにしたアイテムは、あなたをチャームアップしてくれるよ。大人っぽい魅力が欲しいならブルー系、元気女子になりたいなら黄色系、キュートさが好みなら赤系の花をチョイスしてね。

たんぽぽで作ったよ

ハッピーチャーム 2 オレンジの香り

オレンジのさわやかな香りには、存在感を強める力と、願い事をかなえるパワーが宿っているよ。注目を集めたいときは、果汁やコロンを耳元に2、3滴つけると効果的。希望をアピールするときは、オレンジを食べてからGO！　きっと期待通りの結果を引き寄せられちゃうよ。

Orange

♥きょうのひとこと♥ おねだり日和。欲しい物があるなら、えんりょなく伝えてみて。きっと買ってもらえるはず！

Part 2

すてきな恋愛
かなえたい！

気になるカレがいたら、ココをチェック！

名前うらないでカレの性格や相性のいい女の子の名前、

星うらないでカレとあなたの相性がわかるよ♥

うらないで、あなたの恋がかないますように★

恋の味方になる
おまじないも
あるよ！

気になるカレの名前うらない

気になるカレがいたら、名前でうらなっちゃおう。
相性がいい女の子の名前もわかるよ！

うらない方

名前は、生まれたときに思いを込めてつけられた大切なもの。いつも呼ばれていることで、性格やタイプの女の子までわかっちゃう♥
名字ではなく、下の名前の最初の文字でうらなうよ。
たとえば、「にのみや・かずや」くんなら「か」。
名前の最初の文字に、濁音や半濁音がつく場合は、「゛」「゜」を取った文字で見てね。「まつもと・じゅんた」くんなら「し」。「あいば・ピーター」くんなら「ひ」。
相性のいい女の子の名前も同じ。「さくらい・りな」ちゃんなら「り」だよ。

じゅんた は　し
かずや は　か
りな は　り

名前の最初の文字が

あ

明るく元気な生まれながらのリーダー！

50音の最初の音「あ」が、名前の頭文字につくカレは、スーパーポジティブな前向きBOY。ゆるぎない自信とほこり高きプライドを持っていて、クラスや部活でもみんなを引っぱっていく存在だよ。恋に対しても積極的。好きになったら、一直線に突き進むの。パッと目立つ女王様タイプの女の子に恋しちゃいそう。

優勝するぞ！

相性のいい女子の名前は!?

名前の最初が

さ さっき・さな など

り りか・りさ など

相性がいいのは、名前に「さ」と「り」がつくキラッと光る個性を持つ女の子。そのほかにも、さあや、さゆり、りょうこ、りん、ちゃんと気が合うよ。

おとなしく見えてやるときはやるタイプ

名前の最初の文字が

い

冷静で穏やかなカレは、自分の感情を表に出さないよ。怒っていても、そんな風には見えないことも多そう。ムダ口をきかないから物静かに見られるけれど、胸のうちには秘めた情熱が。やるとなったらスゴいパワーを出すタイプ。恋に関しても意外に大胆。みんなのいる前でいきなり告白してくることも。シンの強い子が好み。

相性のいい女子の名前は!?

名前の最初が

し しずか・しほ など

ら らん・らら など

名前の頭文字に「し」と「ら」がつく女の子にひかれやすいカレ。今あげた以外で相性がよさそうなのは、しおん、しげみ、しずこ、らいむ、ちゃんとも好波長。

友だちいっぱいの優しい男子

名前の最初の文字が

う

思いやり深くて親切な男の子。みんなに優しいから、後輩からもしたわれているはず。おとなしく見られがちだけど、意外に社交的で誰とでもなかよくなれてしまう才能もありそう。女の子に対しては甘え上手で、ロマンチックな恋をするよ。理想のタイプはズバリ、おしゃれでセンスのいい子。髪の長い女の子も好きみたい。

相性のいい女子の名前は!?

名前の最初が

す すみれ・すず など

た たえこ・たまみ など

あこがれちゃうのは、名前の頭文字に「す」のつく女子。友だち関係から恋に発展しやすいのは、「た」がつく子。なな、なつみなど「な」がつく女の子ともいいムードに。

しっかり者の優等生

カレは勉強や読書が好きで、先生や親の言いつけもよく守るタイプ。しっかりしていてなんでもできる優等生として、尊敬を集めていそう。恋に関しては少しだけ頭でっかち。いろいろな本で学んでいるせいか知識は豊富なんだけど、いざ本物の女の子を前にするとドキドキしてフリーズしちゃうみたい。物静かな子と気が合いそう。

相性のいい女子の名前は!?

名前の最初が

ゆ ゆうこ・ゆいな など

の のりえ・のあ など

一緒にいてホッとできるとカレが感じるのは、頭文字に「ゆ」や「の」がつく女の子。せりな、せいこなど「せ」がつく子とも、お互いを高めあえるよい関係へ。

マイペースなマジメ君

人の上に立って大きなことをするのは苦手だけど、コツコツと自分の役目を果たすのは得意なカレ。自分なりのペースやこだわりがあって、周りには簡単に流されないタイプといえるかな。また、とっても硬派なカレは、女の子とイチャイチャしたり、おしゃべりはしないマジメな性格の男子。大人っぽいムードの女子にあこがれる傾向が。

相性のいい女子の名前は!?

名前の最初が

と ともみ・とわこ など

よ よしえ・ようこ など

冷静で落ち着いたタイプが多いのが、名前の頭文字に「と」がつく女の子。お姉さんっぽいムードがあってつい目が行くみたい。「よ」がつく女子とは相思相愛の仲。

名前の最初の文字が

え

名前の最初の文字が

お

名前の最初の文字が

か

カモン♪

ポジティブな行動派

前向きなカレは、ピンチやトラブルに直面しても
めげたりしないの。持ち前の勇気とエネルギッ
シュなパワーで立ち向かっていくはず。運動神経
がいいから、スポーツで活躍する男子も多そう。
恋に関しては早熟で、初恋もすごく早かったかも。
ちょっとしたことで好きになるけど飽きるのも早
め!?　明るく元気な子が大好きだよ。

相性のいい女子の名前は!?

名前の最初が	
は	はる・はるな など
み	みのり・みわ など

ツーカーで通じあえるノリの
いい女子が好きなカレ。ピッ
タリなのは、頭文字が「は」
と「み」の子。にじこ、にい
ななど「に」がつく女子とも
自然といいムードに。

名前の最初の文字が

き

一緒に帰ろう♪

目立ちたがり屋な甘えん坊

ハデなパフォーマンスでみんなの注目を集める
のが好きなカレ。面白いギャグを言ったり、イベ
ントでは絶対に目立つ役に立候補するタイプ。で
も、明るい笑顔の裏やには甘えん坊な顔が。すご
くさびしがり屋だから優しくていつも一緒にいて
くれる女子が好きみたい。少しでも他の男の子と
なかよくすると怒ったり、シット深い一面も。

相性のいい女子の名前は!?

名前の最初が	
ふ	ふたば・ふうこ など
ま	まゆみ・まり など

いつのまにか好きになってし
まうことが多いのが、かけひ
き上手なモテモテガールの
「ふ」のつく女子。同じく甘
え上手な小悪魔タイプの「ま」
の女子にもゾッコン。

プライドが高くて負けずギライ

意思が強くて、自分の決めたことは絶対にやりとげるタイプ。プライドが高くて、負けるのも大キライ。テストや運動会では絶対に1番になってやる！と熱い闘志を燃やすカレ。恋をしたときも大胆。自分から積極的に話しかけるよ。パッと目立つキレイな子が好きだけど、最終的にはしっかり者の女子を選ぶ傾向があるみたい。

名前の最初の文字が **く**

相性のいい女子の名前は!?

名前の最初が

き きょうこ・きよみ など

め めい・めぐみ など

華やかなムードの「き」が頭文字につく女子は、カレにとってあこがれの存在。一目で好きになってしまいそう。ジワジワひかれていくのは、穏やかな「め」がつく子。

おちゃめな学級委員タイプ

物知りで優しいカレは、みんなから頼られる存在。勉強を教えてとか、委員をやってなど、何かと頼まれることが多いよ。意外におちゃめなところもあって、突然ギャグを言ってクラスをわかせることも。恋は自然体。身近にいる女の子に気づいたら恋しているのがパターン。みんなのために頑張れる、しっかりした子にひかれそう。

名前の最初の文字が **け**

相性のいい女子の名前は!?

名前の最初が

ほ ほなみ・ほたる など

る るな・るりこ など

同性から好かれる頭文字「ほ」の女子こそ、カレの理想のタイプ。おしゃれでかわいい「る」の子からは頼られることが多め。助けるうちに好きになってしまうはず。

用心深いけど意外に大胆!?

名前の最初の文字が **こ**

ちょっぴり怖がりなところがあるカレは、石橋をこわすほど叩いても渡らないような慎重さがあるよ。安全だと思える場所以外には行かないはず。でも、自分の好きなことに関しては積極的。思いがけない行動力を発揮して、みんなを驚かせることも。女子に対しては誠実で、一途な愛をささげるよ。かわいい子がタイプ。

相性のいい女子の名前は!?

名前の最初が		
も	もも・もえ など	女の子らしい子が好きなカレと相性がいいのは、頭文字に「も」がつく女子。コッソリその行動を観察していて、いい子だなと思っているのは素直で優しい「め」の子。
め	めい・めぐ など	

陽気でさわやか！ クラスの人気者

名前の最初の文字が **さ**

華やかなオーラがあり、人をひきつけるパワーは十分。それでいて気取ったところがなく、ざっくばらんでフレンドリーだから、クラスでも部活でも大人気かも。恋は追うよりも追われることが多いタイプ。好きとせまってくる女子の気迫に負けて、心を動かされてしまうようなところがあるよ。おしゃれでセンスのいい子が理想。

相性のいい女子の名前は!?

名前の最初が		
あ	あい・あかね など	ちょっぴり強引で大胆な女子に弱いカレ。明るくノー天気なキャラの「あ」の女の子にはメロメロかも。パワフルで自分らしさを大切にする「や」の子とも気が合うよ。
や	やよい・やすは など	

視野が広くて、フットワークの軽い自由人

いろいろなことに興味や関心があるカレは、習い事をたくさんやっていたり、いくつかの部活を兼部していたりしてとても忙しそう。ノリもよくて遊ぶのが好きだから、誘いにもすぐ乗ってくるよ。ただ、飽きっぽくてどれも長続きしないのは玉にキズ。ホレっぽくて、すぐに誰かを好きになるけど、別の子に目が行くのも早いかも。

相性のいい女子の名前は!?

名前の最初が

う うの・うみ など

む むつみ・むつき など

いろいろ目移りしちゃうけど、カレが最終的に選ぶのは、穏やかで平和主義の「う」や「む」の女の子だよ。そのほかにも、世話好きな「す」がつく子とは相性バッチリ。

世話好きでお人よしなお兄さんキャラ

頼まれるとNOと言えない性格のカレは、いつも人助けで忙しそう。世話好きだから、困っている友だちを放っておけずに、自分から手を貸してしまうことも多いはず。大変だけど、人から頼られることは、カレにとって喜びなの。恋愛面でも、助けるうちに好きになるのはよくあること。甘え上手な後輩や年下にも弱いみたい。

相性のいい女子の名前は!?

名前の最初が

え えり・えみり など

わ わかな・わかば など

頼み事が上手な頭文字に「え」や「わ」がつく女子にはノックアウトされっぱなし。「困ったな」と言いながらも、甘えられるとうれしそう。「お」の子とも相性◎。

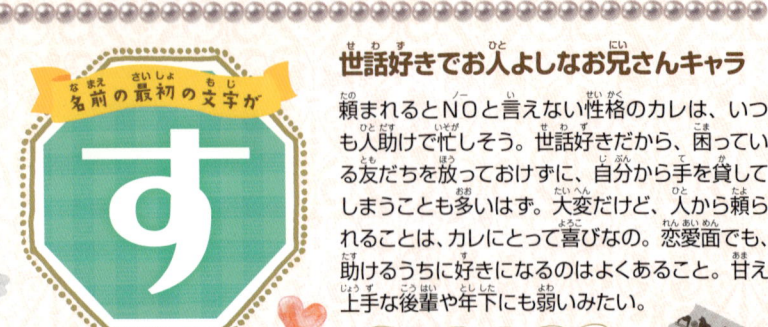

キレ味鋭いインテリ君

頭の回転がシャープで、知識欲も旺盛。常にいろいろなことを考えていて、情報やネタをストックしているの。ロジカルで合理主義なため、鋭い指摘や批判でみんなをふるえ上がらせることも。でも、しつこくないから不思議と嫌われないお得なタイプ。恋に関してはクール。自分と同じセンスや価値観を持つ女子に興味を持ちそう。

相性のいい女子の名前は!?

名前の最初が

そ そのこ・そら など

い いくえ・いよ など

自分を持っているカレが好きになるのは、頭文字に「そ」のつく子。おとなしそうに見えて意外にシンが強い「い」の女子とは、ふとした瞬間に恋に落ちる予感。

自分をしっかり持っている男子

ケンカがキライなカレは、いつもニコニコしてフレンドリー。ただ、自分のポリシーに反することには堂々と反論する強さを持っているよ。正義感が強くて、弱い者いじめも大キライ。恋は来る者拒まずのモテ男。だけど一度つきあった子は大事にするタイプみたい♡ のほほんとした素直な女子に夢中になりそう。

相性のいい女子の名前は!?

名前の最初が

あ あきこ・あゆ など

の のり・のどか など

一緒にいてラクな女子がカレの好み。頭文字に「あ」がつく子は、その話題も笑いのツボもあってバッチリ！ 心が広くて親切な「の」がつく子ともラブラブに。

アピール上手な目立ちたがり屋

明るくて率直な性格。いい意味でえんりょはしないタイプだから、自分のやりたいこと、欲しい物は積極的に周りにアピールして、絶対に手に入れてしまう強運さがあるよ。人から注目されるのも大好き。そんなカレがひかれるのは、華やかで目立つ女の子が多そう。恋をすると勉強も部活も手につかなくなってしまう一面が。

ねらったものは手に入れる

相性のいい女子の名前は!?

名前の最初が

れ れいこ・れな など
カワイイというより、大人っぽくてキレイ系な女子が多い「れ」の女子に、カレはゾッコンかも。

か かれん・かすみ など
情熱的な頭文字に「か」のつく子とは、燃えるような恋に落ちそうだよ。

ホットな情熱と強い意思の持ち主

ガッツがあって負けずギライ。自分の信じた道を貫き通すためなら、どんなことでもやってのけてしまうタフBOYかな。正しくないと思ったら、先生や先輩に対しても堂々と抗議できる強さがあるよ。恋はシンプル。好きになったら一直線に突き進むし、逆に飽きるとすぐに離れていくはず。運動部に入っている元気女子にドキドキ!

ちがうっと思います!

オオー

相性のいい女子の名前は!?

名前の最初が

ち ちえ・ちか など
カレの激しい情熱を受け止められるのは、同じく頭文字が「ち」の女子。

く くみ・くるみ など
「く」の子とはケンカもするけどなかよし。一緒にいてなごめるのは、「ゆ」のつく女の子。

名前の最初の文字が

明るくてノリノリのムードメーカー

フレンドリーで陽気なカレは、楽しいことにパッと飛びつくフットワークの軽さが強み。おしゃべり好きだから、友だち作りも得意。知り合いのいない塾や学校に行っても、すぐに仲間を見つけちゃうよ。女子とも気軽に会話したり、なかよくやれるタイプ。ただ、本気になると意外にシット深いところも。笑いのツボが合う子に胸キュン。

相性のいい女子の名前は!?

名前の最初が

け　けいこ・けい など

り　りの・りんこ など

ノリバツグンのカレがひかれるのは意外にも、優等生タイプの「け」がつく子。率直でズバズバ発言する「り」の女子とは、ケンカするほど情熱がヒートアップ！

名前の最初の文字が

アイデアいっぱいのユニークキャラ

発想が変わっているカレは、ふつうにしていてもかなりユニーク!?　本人が大マジメにやっていることでも、周囲から面白がられてしまうことも多そう。アイデアマンで、文化祭やイベントではどんどん案を出してくれるよ。ただ、やや実行力に欠けるところも。恋に関してはシャイで、オクテ。控えめな子にだけ心を開くよ。

相性のいい女子の名前は!?

プログラムつくってみたよ

名前の最初が

お　おとは・おりえ など

こ　こころ・こう など

女子を前にすると緊張してしまうカレが、安心してつきあえるのは、おとなしめの「お」の子。「こ」がつく女子とも相性グッド！　末永い交際になる期待が。

慎重さと冒険心をあわせ持つ不思議君

おくびょうかと思えば、意外に大胆だったり、自分でも、どっちの一面が出るかわからないようなところがあるカレ。調子よくいろいろ引き受けて、結局投げ出しやすいのは欠点。反面、本番には強くて、試験や試合で大活躍する勝負強さがあるよ。お母さんみたいに優しくて、甘えさせてくれる子を好きになっちゃうはず。

相性のいい女子の名前は!?

名前の最初が

え えみ・えりか など

て てるみ・てっこ など

甘えたい、頼りたい、というカレの気持ちを満たしてくれるのは、頭文字に「え」と「て」がつく女子。一見静かでもやるときはやる「い」の子にもドキッとしそう。

エネルギッシュなファイター

太陽のようにパワフルでエナジーにあふれているカレ。持ち前の輝きで、周囲の人に元気と勇気を与えているよね。短気でケンカっ早いけど、根に持たない性格だから、不思議と憎まれないお得なタイプ。恋はノンストップ！ 情熱に火がついたらまっしぐらに突き進んでいくよ。自分の言うことを聞いてくれる従順な女子にひかれるタチ。

相性のいい女子の名前は!?

名前の最初が

と ともこ・とわこ など

な なおみ・なつめ など

ちょっぴりわがままなところがあるカレに、上手に合わせられるのは頭文字に「と」がつく女子。同じ「な」がつく子とも、似た者同士だけに、すぐにひかれあう運命♥

陽気でのびのびしたラテン系男子

に

おおらかで物事に動じない性格。細かいことは気にしないから、つきあいやすいと大人気みたい。落ち込むことがあっても、ひとばん寝ればケロリと忘れちゃうのはいいところ。ただし、恋に関しては恐竜なみにドンカン。女の子からアツい視線を送られても全然気づかないことも多いかも。おっとりとして親切な女の子と相性がいいよ。

踊ろう？
ラテン系？

相性のいい女子の名前は!?

名前の最初が

み みはる・みなよ など

つ つかさ・つばさ など

女の子の気持ちがイマイチわかっていないようなところがあるカレ。でも、頭文字に「み」がつく子は優しいから安心。あこがれちゃうのは、ノリのいい「つ」の女の子だよ。

ナイーブでシャイな社交家

ぬ

感受性豊かな生まれながらのロマンチスト。傷つきやすさを隠して、明るく社交的にふるまおうと努力していそう。はずかしがり屋さんだから、女の子とおしゃべりをしたり、なかよくするのも苦手。周りから冷やかされると真っ赤になっちゃうはず。自分の世界をしっかりと持っている、おしゃれガールを好きになる可能性が高いよ。

はい

相性のいい女子の名前は!?

名前の最初が

る るか・るる など

う うらら・うたこ など

ふつうの女の子にはない、洗練された魅力や個性の持ち主がカレのあこがれみたい。そんな理想にピッタリの女子は、頭文字に「る」や「う」のつく子の中にいそう★

ホットな宇宙人

名前の最初の文字が **ね**

型破りな行動派。部活も勉強も本気で取り組むから、上達が早いの。発想が大胆で、誰も思いつかないようなアイデアや意見を言って、周囲を驚かせることも得意だよ。あまり突拍子もないことをするから、宇宙人扱いされていることも。恋もあまのじゃく。好きな子にはついいじわるしちゃうタチ。個性的な子が理想のタイプ♥

相性のいい女子の名前は!?

名前の最初が

き
きな・
きらり など

た
たかこ・
たまき など

パッと目を引くような魅力や輝きを持った子が多い、頭文字に「き」がつく女子がベスト相性のお相手。元気いっぱいの「た」の子とはトラブルがきっかけで急接近！

心が広くて物わかりのいいお兄さんキャラ

名前の最初の文字が **の**

カレは視野が広くて、物事をいろいろな立場や角度から見ることができる大人っぽいタイプ。思いやりがあって優しいから、後輩や女子からの人気もバツグンのはず。ただ、マジメで正義感が強すぎるところは時としてトラブルの火種になることも。恋は静かに燃え上がるタイプ。地味だけど決まりやルールをきちんと守る女子と相性◎。

相性のいい女子の名前は!?

名前の最初が

こ
こずえ・
こまち など

よ
よりこ・
ようこ など

カレがひそかに好きになるのは、落ち着いたしっかり者が多い頭文字に「こ」がつく女子。「よ」がつく子には、困った場面を助けられたのがきっかけで恋が誕生！

名前の最初の文字が

は

向こうみずなチャレンジャー

思い立ったらすぐ行動せずにはいられないタチで、一見達成不可能に思えるような目標や計画にも真剣に立ち向かっていける人。ただし、一度自信を失うとなかなか立ち直れないかも。女の子にはモテモテで、いつもあちこちから引っぱりダコ。みんなにいい顔をしてトラブルになりがちなのは玉にキズ。好みなのはサッパリ系女子。

かかってこいよ

相性のいい女子の名前は!?

名前の最初が

せ せりか・せとななど

み みずえ・みよこなど

ベタベタされるのが得意でないカレには、さわやかでボーイッシュな子が多い「せ」がつく子と好相性。頭の回転が速い「み」がつく女子とはおしゃべりで盛り上がるよ。

名前の最初の文字が

ひ

あわてん坊だけど憎めない男子

スタートダッシュがカレの得意ワザ。勢いよく飛び出しては、周囲に大差をつけてゴールインしそう。ただし、スタミナ不足で気まぐれなところは弱点。最後の最後でガソリン切れを起こしたり、気が変わってこれまでの努力が水のあわになったり…。恋はホレっぽさ全開！　ちょっとした偶然をカン違いして恋に落ちるのが得意ワザ。

ダッシュ

相性のいい女子の名前は!?

名前の最初が

か かよ・かずえなど

は はなえ・はづきなど

男子顔負けの行動力があったり、ざっくばらんなキャラが好きなカレには、頭文字「か」のつく女子がピッタリ。サバサバした「は」の子は、よき親友兼カノジョ候補。

フレンドリーなアーティスト

ノリがよくて、好奇心旺盛なカレ。興味を持ったことには即飛びつくけれど、すぐ飽きちゃったり、長続きしないところは欠点。芸術的センスがあって、おしゃれなタイプが多いのもこの文字を持つ男子の特徴だよ。恋愛面ではかけひき上手で、女の子の扱い方もスマートだからモテモテ！自分の知らない世界にくわしい子にあこがれそう。

君の絵さ…

相性のいい女子の名前は!?

名前の最初が

へ べにこ・べら など

し しおり・しげみ など

メンクイなところがあるカレ。名前で言うなら頭文字に「へ」や「し」がつく女の子にひかれやすいみたい。尽くされると、NOと言えなくなるのは「そ」がつく子。

才能豊かな気まぐれBOY

多才で、いろいろな才能や能力を発揮するタイプ。ただ、目標や狙いが定まらないとただの器用ビンボウで終わってしまう危険も。記憶力がすごくいいから、勉強は暗記科目が得意なはず。女の子に対しては気まぐれ。優しくしたかと思えば、急に冷たくしたり…。本気で好きになっちゃうのは、話題や趣味の広い活発な女の子。

1603年
江戸幕府

3.1415926…

相性のいい女子の名前は!?

名前の最初が

め めあり・めぐみ など

く くるみ・くらら など

ポンポン会話のはずむ頭の回転の速い子がカレの理想。そんな女子が多いのは、頭文字に「め」がつくグループ。「く」の女の子とはケンカするたびに絆が深まるよ。

名前の最初の文字が ほ

用心深いけど行動は早いタイプ

危険かどうかをじっくりと観察して、「大丈夫そう」だとわかってから、かけ足で行動するタイプ。慎重だけどいざ動き出すとスピーディー。恋も好きになるまでに時間がかかるよ。反面、本気モードになると情熱がスパーク！　好きという気持ちがあふれ出して、すぐ告白してきそう。マイペースなのんびり屋さんが好き。

相性のいい女子の名前は!?

名前の最初が

も
ももこ・
もなみ など

ほ
ほのか・
ほまれ など

名前の頭文字に「も」がつく女子とは、なぜだかすごく気が合うみたい。特別なことをしなくてもハッピー気分になれそう。同じ「ほ」の持ち主とも波長が合うよ。

名前の最初の文字が ま

ゆかいなちゃっかり屋

さりげなく自分の欲しいものをおねだりしたり、面倒なことを友だちに押しつけてしまうしたたかさが。でも、発想がユニークで話がとても面白いから、みんなから好かれているよね。恋に関しては実はけっこうシャイで、好きな子の前でもおちゃらけてばかり。頼りがいのあるアネゴタイプにグイグイリードされたいと願っているはず。

相性のいい女子の名前は!?

あ〜
ほしいな〜♥

名前の最初が

わ
わか・
わこ など

か
かりん・
かずみ など

女の子にしてはリーダーシップがあるのが、「わ」の子。そんな女子からせまられると、すぐKOされちゃうみたい。「か」のつく子の前向きさにも魅力を感じそう。

77

騒ぐのが好きなお祭り人間

明るくて人なつっこい性格。みんなでワイワイ騒いでいるのが大好きみたい。授業中でもついついおしゃべりばかりして、先生に注意されがちかも。恋はあちこちに目が行くプレーボーイ。その日によってコロコロ好きな女子が変わっちゃうぐらい。実は好みはなくて、自分のことを好きになってくれる人が理想と感じているよ。

名前の最初の文字が **み**

相性のいい女子の名前は!?

名前の最初が

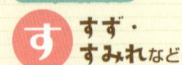
す すず・すみれ など

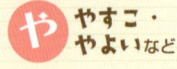
や やすこ・やよい など

好きな男子を一途に思い続ける「す」の女子は一見、重たい存在。でも、時間がたつにつれて大事な人へとランクアップ。性格のいい「や」の子にも注目していこう。

平和を愛するムードメーカー

空気を一瞬で読めるカレは、周りが何を求めているかすぐわかるタイプ。ケンカも苦手だから、相手のため自らビンボウクジを引くことも。女の子の前ではメチャクチャ陽気。でも、それはテレ隠し。本当に好きな子とは口もきけないほど緊張しちゃうタチ。フレンドリーで、デートも会話もリードしてくれそうな女子と波長◎。

名前の最初の文字が **む**

相性のいい女子の名前は!?

名前の最初が

ふ ふみこ・ふゆみ など

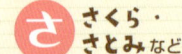
さ さくら・さとみ など

陽気なキャラだけど、実は気配り上手な頭文字「ふ」の女子とベストカップルに。男子からも女子からも人気の高い「さ」のつく子とは出会ってすぐ恋に落ちる予感。

♥きょうのひとこと♥ 宿題はなるべく夜の９時までに終わらせておいて。夜がふけるほど邪魔が入りやすいよ。

素直で思いやりのある性格

め

人のことを考えて動いたり、発言できたりする、とても優しい男子。性格もひねくれたところがなく、のびのびと素直。周囲の言うことを真に受けて、後で青くなりやすいところには注意。恋に関してはピュア。女の子のことをとても神秘的な存在だと感じているみたい。ちょっぴり影のある大人っぽい女子にドキドキしちゃうはず。

相性のいい女子の名前は!?

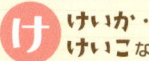

名前の最初が

け けいか・けいこ など

ひ ひろみ・ひかり など

相性がいいのは、頭文字に「け」と「ひ」がつく女の子。そのほか、むつみ、むつえなど、気配りができる「む」の女子とは、友だちから恋仲へステップアップ！

誠実でズルができないキチント君

も

きちょうめんでマジメ。なんでも計画通りに進めるのが好きで、勉強や部活にも一生懸命取り組む頑張り屋さん。ちょっと神経質で、いろいろ考えすぎてしまうところは弱点。カタブツだから、恋愛には一見興味がなさげ。でも、心の底ではあこがれている女子がいそう。ハキハキとして勉強ができる、優等生タイプの子に注目しているよ。

相性のいい女子の名前は!?

明日もちゃんと来てね♡

名前の最初が

こ こころ・こずえ など

ふ ふうこ・ふさえ など

控えめで落ち着いたムードの頭文字に「こ」がつく女子とは、お互いにひかれあう定め。フレンドリーな「ふ」の子は一見タイプ外。でもちょっとしたきっかけでラブに。

名前の最初の文字が **や**

存在感あふれるパワフルBOY！

バイタリティーにあふれる、カラダも心もタフな男子。自分のやりたいことをどんどん実現してしまう、行動力と意思の強さが強み。独特の存在感があって、カレが言うことにはみんな不思議と従ってしまうほど。女の子といるときのカレは仕切り屋。自分がリードできるような妹みたいにおとなしめの女子にひかれる傾向が強そう。

オレが守る！
押忍

相性のいい女子の名前は!?

名前の最初が

ぬ ぬい・ぬのか など

つ つきこ・つぐみ など

知らない間に好きになってしまうのは、頼りなさそうなムードを漂わせている「ぬ」がつく女子。「つ」の子は甘え上手で、カレをその気にさせてしまう天才かも。

名前の最初の文字が **ゆ**

面白マジメなゆるキャラ！

マジメさとルーズさがミックスした性格。勉強や部活は真剣に頑張るけど、遅刻の常習犯だったり、忘れ物が多かったり…。でも、協調性バツグンで、周囲に合わせるのはお手の物だから、友だちはたくさんいるよ。恋も手近で済ませるタイプ。近くにいる女子に気づいたら恋しちゃうのがパターン。おさななじみと結婚する可能性も高め。

チックしてしまいました
キリッ
うう～

相性のいい女子の名前は!?

名前の最初が

ち ちずる・ちさと など

ね ねね・ねり など

少し強引なぐらいのほうがカレにはピッタリ。その点、積極的な「ち」のつく女子はベストパートナー。型破りな愛の持ち主である頭文字が「ね」の子も熱愛候補。

粘り強く努力して成功するタイプ

よ

じっくり派で、どんなことにも時間をかけて取り組むタイプ。コツコツ努力を重ねて、大きな夢を実現しそう。ただし、せかされるとイライラしてキレたり、ミスを連発しやすい弱さも秘めているよ。恋に関しては夢見がち。テレビの中のアイドルに本気で恋しちゃうことも。実際に選ぶのは、世話好きで優しいお母さんみたいな子。

日々努力

相性のいい女子の名前は!?

名前の最初が

あ あすか・あみ など

す すい・すずか など

意外にメンクイなカレは、ルックス重視派。でも、性格的にすごく合っているのは、頭文字に「あ」のつく女子。面倒見がよくて頼れるタイプの「す」の子とも好相性。

従うのはマイルールだけの自由人

ら

のびのびやりたいことをやり、自由気ままに行動するのがカレのモットー。シバられるのがキライだから、校則やルールを破ることもしょっちゅう。でも、いつも自然体でナチュラルな姿にはファンも多いよ。男子からも女子からも不思議とモテるタイプかな。そんなカレがひそかにあこがれるのは物知りでいろいろなことにくわしい子。

憧れるな スナフキン…

相性のいい女子の名前は!?

名前の最初が

け けい・けいと など

て てつこ・てるよ など

一見マジメそうなのに意外に面白い子が多い「け」グループの女子は、カレの最も好みとするタイプ。「て」の子の発想のユニークさにも、ドキドキしちゃうはず♥

名前の最初の文字が **り**

サッパリしていて自分に正直なタイプ

サバサバしていて、自分の本音を隠したりしない性格。ただ、なんでもオープンに伝えすぎるせいで、「キツイ」「わがまま」と誤解されることも。将来は豊かな表現力を生かして、俳優や芸術家として活躍できる可能性が高め。恋は一目ボレから始まることがほとんど。通学途中で会った他校の女子に恋焦がれることも多そう。

本音でいこう～！

相性のいい女子の名前は!?

名前の最初が

さ さとみ・さらなど

ひ ひなこ・ひまわりなど

身近で恋に落ちてしまうとしたら、華やかでお姫様みたいなオーラを持つ「さ」のつく女子。頭文字が「ひ」の子の行動力と大胆さにノックアウトされるシーンも。

名前の最初の文字が **る**

ワンランク上のおしゃれ男子

ふつうの男の子にはない洗練されたムードとフレンドリーさが魅力。一見お調子者にも見えるけれど、ちゃんと将来のことを考えていたり、しっかりした面も。話題が豊富で面白いから、女友だちもたくさんいるよ。ただ、恋愛と友情は別だと考えているカレ。身近にいる子でなく、いつも手の届かないタイプに恋する傾向が。

あ、これお姉ちゃんの～

相性のいい女子の名前は!?

名前の最初が

き きりこ・きららなど

な なぎ・なるみなど

一瞬で周囲をトリコにしてしまうような輝きを持つ頭文字に「き」のつく女子がベスト候補。「な」の子とは、委員会や部活で協力したのがきっかけで恋に落ちそう。

名前の最初の文字が

ハデに見えて意外に冷めた性格

どこにいてもパッと目を引く輝きと存在感の持ち主ながら、内面はクール。ルックスだけのイメージで近づくとギャップに驚くかも。みんなにチヤホヤされても浮かれたりしないし、勉強や部活の練習などやらなければいけないこともしっかりやる、ある意味優等生。恋は不器用。好きになってもどうしていいかわからないはず。

相性のいい女子の名前は!?

名前の最初が	
に	にいな・にの など
ゆ	ゆか・ゆりあ など

のびのびと自分らしく行動できる「に」のつく子を見ていると、カレはとても自由な気分になれるみたい。ちょっぴりドジな「ゆ」のグループの女子もお気に入り。

名前の最初の文字が

コドクが似合うヒーロー!

独立精神旺盛なカレは、誰にも頼らないアウトロー。友だちとツルんだりせず、我が道を突き進むタイプかな。ガンコで自分の決めたことを貫き通す意思の強さも天下一品！ 先生や上級生からも一目置かれているよ。恋に関しては長距離ランナー。自分と同じく１人で行動しても大丈夫な子と、じっくりと絆を育てていくはず。

相性のいい女子の名前は!?

名前の最初が	
の	のあ・のりこ など
ろ	ろみ・ろーら など

落ち着いた雰囲気を持つ頭文字「の」の女子こそ、カレがずっと一緒にいたいと思うタイプ。同じく「ろ」がつく子も、ツーカーでわかりあえる貴重な存在といえるよ。

名前の最初の文字が

わ

ギブ&テイクがモットーのしっかりBOY（ボーイ）

今どきめずらしいぐらい古風で律儀なタイプ。友だちから親切にしてもらったり、何かもらったりしたときは、きちんと相手にお礼をしなくてはと思う義理がたい性格。カンペキ主義すぎて、自分が苦しくなってしまうところは欠点。女子にも礼儀正しくて誠実。でも、本当はHなことに興味シンシン!?　隠れスケベ体質かも。

けっこうな
お手前で

相性のいい女子の名前は!?

名前の最初が

し　しの・
しほりなど

お　おとは・
おとめなど

興味や関心がピッタリ合うのは、名前の頭文字に「し」がつく女の子。おっとりしていやしパワーを隠し持っている「お」の子にも、知らない間にグングンひかれそう。

カレと相性がいい名前じゃなかったからってあきらめないで！　自分で相性UPできる方法があるよ！

カレとの相性　もっとよくするには？

名前は変えられないけれど、呼び名は変えることができるよね。たとえば、カレの名前が「あきと」くんなら、相性のいい女の子の名前の最初の文字は「さ」「り」。「さとう・まりな」ちゃんの場合、「さとうだから、さっちゃんって呼んで」とか「まりなだけど、短くして、りなだよ」と、カレや周りの友だちに言ってみよう。いつも呼ばれているうちに、性格も変わってくるの。本名と関係なく「背が低いからチイ」などでもOK！
男の子の場合も「おおの・さとる」くんが、いつも名字のほうで「おーちゃん」と呼ばれているなら、「さ」だけではなく「お」も参考にしてみてね。

さっちゃんで呼んでね♡

OK！

　♥きょうのひとこと♥　進路について考えてみて。先生や親に相談すれば、いいアドバイスがもらえる期待もあり。

3/21〜4/19生まれ
おひつじ座のあなた

カレは おひつじ座

同じおひつじ座のカレとは、好きになったら一気に燃え上がるよ。人目も気にせず、どこでもイチャイチャしちゃうかも。すごく仲がいいけれど、ケンカをするとこじれがち。あなたが先にあやまるのが愛を守るヒケツ。

カレは かに座

ちょっぴりチグハグ。優しいカレにあなたが胸キュンするのが恋のはじまり。最初はカレも緊張しているけど、やがてあなたの魅力のトリコに。ただ、つきあいが深まると、今度はあなたのほうがカレを重たく感じるように。

カレは おうし座

のんびり屋のカレと、好きになったらまっしぐらのあなた。ペースが違いすぎて、なかなか恋に発展しにくいかな。でも、お互いにない部分を持っているふたりは、友だちとしては好相性。悩みを相談しあったり、助けあえるはず。

カレは しし座

理想的な組み合わせ。華やかで目立つふたりは、みんながあこがれるようなスター的存在感を放つカップルになれるよ。思いやりの気持ちさえ忘れなければ、一生ラブラブでいられるし、将来結婚する可能性だって高いよ。

カレは ふたご座

ノリがいいカレと積極的なあなたはすぐに意気投合！　みんなが驚くぐらいアッという間に、ラブラブのカップルになれそう。ただし、浮気っぽいふたご座は時間がたつと冷めちゃうみたい。飽きさせないよう工夫を。

カレは おとめ座

優等生で先生からも一目置かれているカレと、リーダーシップのあるあなた。お互いにキャラは違うけれど、なぜか気になる関係。ただ、細かいところが気になるカレに、おおざっぱなあなたがイライラすることも多いかも。

♥きょうのひとこと♥ ● 目ヂカラが強まっている気配。じっと見つめるだけで、相手を思い通りにできるかも。

♥おひつじ座の恋愛♥

好きになったら黙っていられない性格。よく考えずにアタックして、あっさりフラれてしまうこともあるけど、立ち直りの早さはピカイチ☆ すぐに別の恋を見つける根っからのラブファイター。好みなのはスポーツマン。

マークの説明

- ☀ すっごくうまくいきそうな最高の相性♥
- ⛅ なかなかイイ相性！ ときどきケンカに注意
- ☁ まあまあの相性、うまくいく可能性アリ！
- ☂ 努力しだいでOK！ あきらめないで！

カレは てんびん座

おしゃれBOYのてんびん座は、目を引く存在。一目ボレしたあなたが積極的にアタック！ カレを自分に振り向かせちゃいそうな相性だよ。ただ、正反対の性格のふたりは、ちょっとしたことで大ゲンカして別れることも。

カレは やぎ座

女子の中でも存在感があって、目立つタイプのあなたに対して、地味めなやぎ座はちょっぴり苦手意識を感じているフシが。あなたから気さくに声をかけてあげることが親しくなるコツ。カレの得意分野を教えてもらうのも◎。

カレは さそり座

はじめはあなたがミステリアスなカレにひかれていくよ。でも、そのうちシット深い相手にうんざりしちゃうかも。友だちとしての相性もイマイチ。さそり座は無口だから、理解しあうだけですごく時間がかかって疲れちゃいそう。

カレは みずがめ座

風のようにさわやかなみずがめ座とは、男子だからといって意識しないで自然体でつきあえるよ。ユニークなカレとのおしゃべりは、最高に楽しそう。ただし、友だちノリが強いから、スイートなムードにはなりにくいかも。

カレは いて座

明るくて元気いっぱいのいて座と、前向きガールのあなたは、とにかく気が合うよ。出会ってすぐにつきあい出して、ラブラブカップルの仲間入りを果たしそう。お互いの自由を認めあえば、ずっとなかよしでいられるはず。

カレは うお座

かわいい雰囲気のうお座は、弟みたいな存在。カレが困っているとつい助けて、守ってあげたくなるはず。積極的なあなたがリードすれば、グングン親しくなれるよ。ときにはあなたがカレに頼ればカンペキなカップルに。

4/20〜5/20生まれ
おうし座のあなた

カレは
おひつじ座

男っぽいおひつじ座のカレと、おっとりしていて女の子らしいあなた。運命の相手のように感じて、グングンひかれあうよ。ただし、せっかちで短気なところがあるカレにときどきついていけないと感じることもありそう。

カレは
かに座

ドキドキするというよりは、女の子の友だちといるようにホッと安心できちゃうのがかに座。優しくて世話好きなカレだから、何かと甘えて頼るうち、なかよくなれちゃうはず。手作りのプレゼントを贈るのも高ポイント。

カレは
おうし座

行動ペース、考え方が似ているふたり。特別に好きと言わなくても、一緒にいるのが当たり前みたく感じるはず。空気のような存在だけど、離れているとさびしいかも。どちらも内気だから、進展に時間がかかるのが特徴。

カレは
しし座

スターのようにキラキラした存在感を放つしし座と、素朴なナチュラルさが魅力のあなた。正反対に見えるふたりだけど、その違いが逆に新鮮でひかれあうことに。ただ、どちらもガンコだからケンカはこじれそう。

カレは
ふたご座

おしゃべり好きなふたご座。男子の前だと緊張しちゃうあなたにも気さくに話しかけてくれるから、すぐ親しくなれそう。相性も悪くはないけれど、女友だちがたくさんいるカレに、あなたがシットしてケンカになることも。

カレは
おとめ座

好きな食べ物やＴＶなど不思議なくらい同じで、まるでお互いがそれぞれの分身のように感じるふたり。一度結ばれたらノンストップ！　そのまま恋を実らせて結婚することも。長いつきあいになるけどいつもラブラブ！

♥おうし座の恋愛♥

慎重なおうし座は、簡単に人を好きにならないタイプ。しかも、かなりドンカン。友だちから「〇〇君が好きなんじゃない」と言われてはじめて、自分の恋心に気づくことも。動物好きで親切なカレが狙い目♥

マークの説明

☀ すっごくうまくいきそうな最高の相性♥

🌤 なかなかイイ相性！ ときどきケンカに注意

💭 まあまあの相性、うまくいく可能性アリ！

☂ 努力しだいでOK！ あきらめないで！

パート2 相性星うらない♥

カレは てんびん座

ふたりは、おしゃれなところや人あたりのよさなど、似た雰囲気を持っているよ。けれども、考え方や行動パターンは正反対。はじめはいいなとひかれあっても、少したつとお互いに違うかも…と感じるようになるかも。

カレは やぎ座

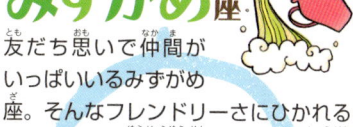

しっかりした考え方を持ったふたりは、話していてもすごく気が合うよ。勉強をしたり、部活動の悩みを打ち明けあったり、お互いに助けあい、成長できるカップルになれそう。たまには一緒にはじけるのもラッキー！

カレは さそり座

なぜだか理由はわからないけれど、お互いに気になって、目が離せなくなる相性。どんなに周りが邪魔をしても、ふたりには関係なし。トラブルを乗り越えて結ばれる運命みたい。秘密を持たないことがアツアツでいる条件。

カレは みずがめ座

友だち思いで仲間がいっぱいいるみずがめ座。そんなフレンドリーさにひかれるけど、いつも友情優先のカレには正直さびしさを感じるかも。ずっとなかよしでいたいなら、マメにメールや手紙で連絡を取り、すれちがいを防いで。

カレは いて座

自由でのびのびしたいて座に、あなたがあこがれそう。ただ、人気者のカレだけにひとりじめするのは難しいかも。シット深いあなたは、そのせいで苦しむハメに。共通の趣味や仲間を増やすことが、関係好転のカギになるよ。

カレは うお座

どちらも優しくて、人のために尽くすキャラクター。一緒にいるとホッと心がなごむよ。フィーリングが合うから、ちょっとしたきっかけでどんどん仲も深まっていくはず。反面、ベタベタしすぎるとヒンシュクを買うから注意。

5/21～6/21生まれ
ふたご座のあなた

カレは
おひつじ座

明るくてリーダーシップのあるおひつじ座。クラスのイベントや委員会で協力しあううち、親しくなれそう。グループでワイワイ盛り上がるのが楽しい関係だけど、たまにはふたりっきりでラブラブムードにひたるのも幸せ。

カレは
かに座

陽気でノリのいいあなたと、ちょっぴりシャイでおとなしいかに座。タイプが違うように感じるけれど、実はカレ、親しくなりたいと思っているみたい。あなたが話の輪に入れてあげたり、遊びに誘ってあげると喜ばれるよ。

カレは
おうし座

いつも笑顔で優しいおうし座とは、緊張せず気楽につきあえそう。一緒にいて気楽だし、話題もそこそこ合うけれど、カレのマイペースぶりにときどきイラっとしがち。あなたがしゃべりすぎて引かれることもあるので注意。

カレは
しし座

好相性。堂々として目立つしし座は、女子から人気が高いタイプ。でも、近寄りがたく思われているせいで、実際アタックしてくる子は少ないよう。あなたの明るさとトークセンスを発揮すれば、きっとOKをもらえるはず。

カレは
ふたご座

ツーカーで通じあえるふたりは、最高のおしゃべり友だち。カレとなら何時間しゃべっていても話題が尽きないはず。ただ、どちらも気が多いところがあるのは心配。つきあっているのにほかの子が気になってモメることも。

カレは
おとめ座

好奇心旺盛でいろいろなことに興味を持つあなたと、計画性のあるおとめ座。遊びやイベントの企画をあなたが提案すれば、カレが手助けしてくれるよ。友だちとしては息ピッタリだけど、恋に発展する可能性は低いかも。

♥きょうのひとこと♥ 運気スパーク！ やる気がアップして、気になっていたことを一気にクリアできそう。

♥ふたご座の恋愛♥

ノリがバツグンにいいあなたには、男の子の友だちもいっぱいいるはず。いつも楽しくおしゃべりしているうち、気づいたら好きになっているのがありがちパターンかも。帰る方向が同じカレにフォーリンラブしやすいよ。

マークの説明

☀ すっごくうまくいきそうな最高の相性♥

⛅ なかなかイイ相性！　ときどきケンカに注意

☁ まあまあの相性、うまくいく可能性アリ！

☔ 努力しだいでOK！　あきらめないで！

カレは てんびん座

息ピッタリのベストコンビ。はじめは友だちの1人だと思っていても、やがてお互いになくてはならない存在だと意識しあうようになるよ。将来の夢やなりたい自分について語りあえば、どんどん絆も深まっていくはず♥

カレは やぎ座

落ち着いた大人っぽいやぎ座の目には、軽い調子のあなたがミーハーに映りがち。あなたが好きと告げても本気だと思ってもらえないかも。恋を実らせたいなら、共通の友だちにあなたのよさを伝えてもらうことが先決。

カレは さそり座

お互いのことが理解しあえなくて苦労する組み合わせ。明るくて友だちがいっぱいいるあなたと、無口で感情をあまり表に出さないさそり座は、出会ったときからギクシャクしがち。カレに秘密を打ち明けるのが急接近の糸口に。

カレは みずがめ座

あなたはみずがめ座の独創的なアイデア力に、カレはあなたの社交的で頭の回転が速いところに、それぞれにベタボレのふたり。まさに運命が引きあわせたベストパートナーといえるよ！　大事に絆を育てれば結婚の可能性も。

カレは いて座

女子同士だと対立しがちだけど、相手が男子の場合は気が合ういい友達になれるのがこの組み合わせの特徴。ただ、深い友情が先に生まれてしまうせいで進展は遅め。大人になって再会したのが縁で恋が生まれることも。

カレは うお座

にぎやかなことが好きなふたりは一見、気が合いそう。でも、自由を愛してしばられるのがキライなあなたは、甘えん坊でいつもベタベタしたがるうお座にびっくりしちゃうかも。うまくやりたいならカレの気持ちを受け止めて。

6/22〜7/22生まれ かに座のあなた

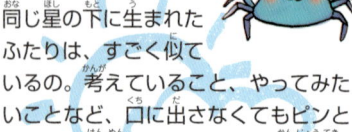

カレは おひつじ座

一見水と油のふたり。でも、絶対にかみあわないわけじゃないよ。男らしく見えてさびしがり屋なところがあるおひつじ座は、実は優しさを求めているの。あなたのあたたかさで包んであげれば、時間がかかっても大切な存在へ。

カレは かに座

同じ星の下に生まれたふたりは、すごく似ているの。考えていること、やってみたいことなど、口に出さなくてもピンとくるよ。反面、どちらもやや感情的。一度こじれるとややこしいことに。ケンカになる前にあやまって。

カレは おうし座

あなたが困っていると、さりげなく助けてくれたり、すごく頼りになる存在。話題も合うから、一緒にいると楽しくなるよ。ただし、どちらもシャイで消極的なタイプだから、好きと言えないまま時間だけが過ぎていくことも。

カレは しし座

ヒーロー気質のしし座には、女子のファンがいっぱい。内気なあなたは、最初から手が届かないと感じがちかも。とはいえ、カレにリードさせるように見せてあなたが主導権を握れば、ライバルを出し抜いて幸せになれそう♥

カレは ふたご座

誰とでもなかよくやれるふたご座は、男子を前にするとフリーズしちゃうあなたにも優しくて親切。たぶんあなたが先に熱をあげることになるはず。ただ、カレはメチャモテ男子。片思いでも、両思いでも、気苦労がたえないかも。

カレは おとめ座

深い信頼で結ばれる組み合わせ。どちらも思いやり深い性格だから、お互いをいたわりあったり、心がホッと温まるようなつきあいができるよ。同じ委員会や部活に入ったり、一緒に活動する時間を増やすとさらにラブラブに。

♥かに座の恋愛♥

一途なタイプ。好きな人ができると、1日中カレのことばかり考えちゃって、ほかのことは手につかなくなっちゃう。なのに、本人の前に出るとはずかしくてフリーズしちゃうチキンハートの持ち主。親切な子が好きみたい。

マークの説明

☀ すっごくうまくいきそうな最高の相性♥

⛅ なかなかイイ相性！ ときどきケンカに注意

☁ まあまあの相性、うまくいく可能性アリ！

☂ 努力しだいでOK！ あきらめないで！

カレは **てんびん座**

タイプが違いすぎて、最初はどちらも相手に悪い印象を持ってしまうかも。でも、あるときそれが誤解だとわかった途端、グングンひかれあうことに。お互いに苦手と思う部分を認めてあげることがなかよくなるための近道。

カレは **やぎ座**

マジメでしっかりしたやぎ座と、控えめで親切なあなた。ハデで目立つカップルではないけれど、実は息ピッタリ！ 一緒にいるとどちらも心が安らいで、笑顔になれるよ。カレに相談を持ちかけるのがなかよくなるきっかけに。

カレは **さそり座**

好きになった女子を一途に思うさそり座と、真剣な愛を注ぐあなた。恋の波動が同じふたりが出会ったのなら、恋に落ちるのは当然のことといえそう。あまり好きになりすぎて、勉強や部活がおろそかにならないようご用心。

カレは **みずがめ座**

怖がりのあなたは、危険なことには手を出さないタイプ。一方のみずがめ座はあまのじゃくで、冒険好き。カレが思いがけないことばかりするから、あなたはハラハラドキドキ。そばにいると不安な思いばかりさせられるかも。

カレは **いて座**

母性本能が強いかに座のあなたは、明るくて無邪気ないて座が気になってしかたないみたい。お母さんのように世話を焼くうち、心の距離は縮まっていくはず。ただし、あまりに口出ししすぎるとうんざりされちゃうかも。

カレは **うお座**

うれしい、悲しいと感じるツボが似ているふたりは、気づいたときには恋に落ちているというのが、ありがちパターン。ときどきはケンカもするけど、いつも一緒にいてラブラブ。みんなからベストカップルと思われていそう。

7/23〜8/22生まれ
しし座のあなた

カレは おひつじ座

最強のカップリング！情熱的なあなたの愛を受け止めてくれるのは、同じく好きになったらまっしぐらに突き進むおひつじ座の男子。はずかしがらずに自分の気持ちを伝えれば、すぐにラブストーリーが幕を上げそう♥

カレは かに座

親切なかに座だけど、恋人としては役不足みたい。でも、気を使わなくて済むから、あなたはカレといるととても安らげるはずだよ。今は友だちの1人でも、将来は恋愛に発展する可能性も高め。だからこそご縁は大切に育てて。

カレは おうし座

優しそうに見えてガンコなところがあるおうし座とは、何かとぶつかりがちかも。あなたは、いつも好きとキライという両極端な気持ちの中でゆれ動くことに。カレのペースを大事にしてあげることが、なかよくなるためのコツ。

カレは しし座

お姫様と王子様のように理想的なカップル。同じ星の下に生まれたふたりだからこそ、わかりあえることも多いし、無理せずに距離を縮められるの。ただ、どちらもプライドが高いから、一度ヒビが入ると仲直りは難しそう。

カレは ふたご座

ギャグのセンスが抜群で、一緒にいると盛り上がるのがふたご座のカレ。遊びや趣味だけでなく、勉強や将来のことなどマジメな話題でもおしゃべりするようにしてみて。気の合う友だちから、恋人へとステップアップできるよ。

カレは おとめ座

自分の主張をきちんと伝えるあなたと、物静かなおとめ座。ついズバズバといろいろなことを言って、カレを傷つけてしまうことも。なかよくやりたいなら、言いすぎにご用心。わがままも控えめにしないと心が離れていくよ。

♥きょうのひとこと♥ 思いがけない人からアタックが。今はピンとこなくても、友だちの1人としてキープ！

♥しし座の恋愛♥

ドラマやマンガに出てくるような、ドラマチックな恋にあこがれそう。好きになるのは、学校一の人気者や他校のイケメン。大胆に見えるしし座だけど、アタックするときは意外に慎重で、なかなか行動できないことも。

マークの説明

- ☀ すっごくうまくいきそうな最高の相性♥
- ⛅ なかなかイイ相性！ ときどきケンカに注意
- ☁ まあまあの相性、うまくいく可能性アリ！
- ☂ 努力しだいでOK！ あきらめないで！

カレは てんびん座

社交家でセンスがよいてんびん座。女の子の扱い方も上手だから、おしゃべりやデートをしても夢見心地になれそう。カレにとっても、あなたはあこがれの存在。人前で特別扱いしてあげると喜ばれ、急接近できちゃうはず。

カレは やぎ座

キャラも考え方も違うふたりだけど、どちらも一目置いているみたい。ただ、それが恋にまで発展するかどうかはこれからの努力次第。お互いのことがわかるように、本音でいろいろと会話をしてみて。本の貸し借りも◎。

カレは さそり座

黙っていても存在感のあるさそり座に、あなたがドキドキして目が離せなくなってしまうかも。ただ、ふたりの性格は正反対。近づくほどお互いに傷つけあう結果に。相手を思いやる気持ちを持てるかが相性の好転のポイント。

カレは みずがめ座

顔を合わせるとケンカばかりなのに、お互いが気になってしかたないの。それはふたりが赤い糸で結ばれているせい。あなたが素直に甘えて見せれば、カレも本当の気持ちを白状するはず。ふたご座に橋渡ししてもらうのも手。

カレは いて座

友だちとしても、恋人としても最高の相性。共通点が多くて、行動ペースもピッタリ！ はじめて顔を合わせても、昔からの知り合いみたいになごんで、とけこめちゃう不思議。ケンカも多いけどすぐに仲直りできるよ。

カレは うお座

女王気質でわがままなところがあるあなたは、気弱なうお座を振り回してしまうことが多いよ。でも、カレは意外と喜んでいるみたい。やってほしいこと、行きたい場所などリクエストしてあげると、はりきってくれそう。

8/23〜9/22生まれ
おとめ座のあなた

カレはおひつじ座

慎重でデリケートなあなたと、行動的で大胆なところがあるおひつじ座。恋におくびょうなあなたを、グイグイリードしてくれそう。ただし、女心にドンカンなカレには傷つけられることも。悪気はないから許してあげてね。

カレはかに座

控えめだけど、あたたかなハートを持つかに座は、信頼度ナンバーワン。友だちとして悩みを相談すれば親身に答えてくれるし、恋人になってもあなたを大切にしてくれるはず。ただ、シット深いところには手を焼くかも。

カレはおうし座

誠実なふたりは、静かに愛を育むよ。時間はかかるけれど、必ず結ばれるときがくるから安心してね。笑顔であいさつをしたり、カレが困っていたらそっと手助けしてあげたり、そんな日常でのやりとりを大切にすると効果的。

カレはしし座

女の子らしいおとめ座のことを、カレはいいなとひそかに思ってくれているみたい。でも、生まれながらにしてスターの輝きを持つしし座男子は、モテモテ。ライバルが横やりを入れてくるせいで、恋の進展は意外に難しそう。

カレはふたご座

頭の回転が速くて、面白いふたご座は、クラスのムードメーカー。あなたもカレのギャグにはつい笑ってしまうけど、調子がよすぎてついていけない感じがするかも。恋をしても浮気やトラブルに泣かされそうだから注意して。

カレはおとめ座

おとめ座同士、とても気が合いそう。はじめはただのクラスメートや部活の仲間の1人だけど、気づいたときにはなくてはならない存在に。反面、カンペキ主義なところが顔を出すとギクシャクする心配が。その点には注意。

♥おとめ座の恋愛♥

ピュアな純愛ガール。恋にあこがれる気持ちは強いけど、本物の男の子を前にすると固まっちゃうタチ。いつか童話に出てくるような王子様がむかえに来てくれると夢見ているところも。草食系の優しい子が理想のタイプ。

マークの説明

☀ すっごくうまくいきそうな最高の相性♥

🌤 なかなかイイ相性！　ときどきケンカに注意

☁ まあまあの相性、うまくいく可能性アリ！

☔ 努力しだいでOK！　あきらめないで！

Part2 相性星うらない♥

カレは てんびん座

おしゃれなふたりは、絵に描いたようなカップルになれちゃう可能性が高いの。社交的なてんびん座はジマンの彼氏だけど、あなた以外の女子にも優しいところは玉にキズ。一緒にいても気が休まらなくて、疲れちゃうかも。

カレは やぎ座

優等生カップルの代表といえば、やぎ座とおとめ座。いくら好きあっていてもベタベタせず、さわやかなスタンスを守るふたりは、先生や両親からもお墨つきをもらえるぐらい。息の長い交際を続け、将来結婚する可能性も。

カレは さそり座

何を考えているのかわからない、謎の部分が多いさそり座だけど、なぜかあなただけには心を開いてくれそう。あなたも他の人には見せない秘密の顔を、カレにだけ見せてあげてね。喜ばれて一気に恋がスタートしちゃうはず。

カレは みずがめ座

はじめはお互いの違いにびっくりしちゃうふたり。グングンひかれていくけど、いざ距離が近づくと考えていることが理解できなくて困ってしまうかも。わかってくれているはずなんて思わず、きちんと考えを伝えること。

カレは いて座

怖いモノ知らずなチャレンジャーのいて座を、不安そうに見守るおとめ座のあなた。カレのことが好きでも、一緒にいるのは苦労の連続になりがちかも。ただ、大人になるにつれ関係が変化するきざしが。長い目で見守ってね。

カレは うお座

しっかり者のあなたは、頼りなげなうお座を見ると放っておけないと感じるみたい。一度恋心に火がつくと、すぐに愛が深まっていくのがこの組み合わせの特徴だよ。ずっとなかよしでいたいなら、カレを甘やかしすぎないこと。

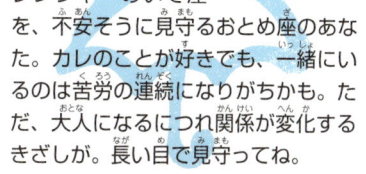

9/23〜10/23生まれ
てんびん座のあなた

カレは おひつじ座

大逆転が起きる相性。最初は反発しあったり、いがみあうけど、時間がたつにつれてグングンひかれあい、やがて離れられない仲になりそう。第一印象がサイアクでもパスしないほうが。進展にはグループ交際が役立つよ。

カレは かに座

おしゃれリーダー的存在のあなたと、庶民派のかに座。一緒にいても話がイマイチ合わないし、チグハグな印象を与えがち。どうしても親しくなりたいなら、カレにとことん合わせること。カレの家族やペットをホメるのも吉。

カレは おうし座

まったりして、女の子には興味なさそうに見えるおうし座。おしゃれな恋にあこがれるあなたには、ちょっと物足りない存在かも。でも、いざとなると誠実で頼りがいのあるカレ。困ったときは頼ってみて。恋が突然始まる期待が。

カレは しし座

言葉に出さなくてもお互いのことがよくわかって、高めあう組み合わせ。カレと話をしていると夢や希望がどんどんふくらんで、未来までキラキラと輝いてくるよ。同じ部活や委員会に入って助けあうと、さらに印象がUP。

カレは ふたご座

おしどりカップル。あなたがギャクを言えば、それにタイミングよくツッコミを入れてくれたり、まるで漫才コンビのようなチームワークのよさを見せそう。友だちとしても、恋人としても、カレとならうまくやれるはず。

カレは おとめ座

友だちとしてはそこそこ親しくなれるけれど、恋愛になると何か足りないかな。マジメなおとめ座は、きちんと約束を守るしっかりした女の子が好み。カレに好かれたいなら、ルールを守るようにしてね。遅刻やうそもタブー。

♥きょうのひとこと♥ 八方美人は反感を買うモト。どの男子にもいい顔をするのはやめて。幸運カラーはピンク。

♥てんびん座の恋愛♥

ズバリ、メンクイ。カッコいいとそれだけで好きになっちゃう。意外にホレっぽくて、いつも「いいな」と思っている子が何人いるかも。でも、簡単には的をしぼれないタチ。グループ交際で愛を育むと幸せになれるよ。

マークの説明

☀ すっごくうまくいきそうな最高の相性♥

⛅ なかなかイイ相性！　ときどきケンカに注意

☁ まあまあの相性、うまくいく可能性アリ！

☂ 努力しだいでOK！　あきらめないで！

カレは てんびん座

まるで双子のように長所も短所も似ているふたり。すぐに意気投合するけれど、どちらも優柔不断で誘惑に弱いところがあるみたい。別の子に好きなんて言われると心がゆれ動き、あっさりと恋が終わってしまう心配も。

カレは やぎ座

何かとあなたを目の敵にして、つっかかってくるのがやぎ座。でも、実はそれは恋心の裏返し。「私のこと好きなの？」と聞けば、素直に自分の本心を認めるかも。ケンカは長引く傾向あり。早めにあなたから折れて。

カレは さそり座

影があるさそり座に、あなたのほうがラブしちゃう可能性が高いかも。ただ、カレは独占欲が強め。あなたがみんなとなかよくするのは不満みたい。うまくやりたいなら、カレひと筋というスタンスをいつも示す必要があるよ。

カレは みずがめ座

グループや2、3人の仲間でワイワイつるんでいるというのが、ふたりの交際スタイル。お互いのことは大好きだし、認めあっているけれど、ベタベタとふたりの世界にひたっているのは苦手。将来は一緒に仕事をする可能性も。

カレは いて座

楽しいことや面白いことが大好きなふたりは、友だちノリから恋がスタート！気づいたときには、周囲もうらやむようななかよしカップルに。行動的ないて座と一緒にいると、あなたの世界までグングン広がっていきそう。

カレは うお座

社交家のふたりは、楽しくワイワイと盛り上がっていることが多いよ。でも、どちらも責任のあることは避けたい性分。好きのひとことが言えないまま、気づいたときには恋が終わっている恐れも。勇気を出して本心を伝えて。

10/24〜11/22生まれ
さそり座のあなた

カレは おひつじ座

男らしいけど、少し強引なところがあるおひつじ座に、最初は苦手意識を抱きそう。でも、カレの情熱的な素顔にふれるうち、固く閉ざされていたあなたの心のトビラも開いていくよ。まずカレの愛を信じて受け入れてみるべき。

カレは かに座

好きになった人を一途に愛し続けるあなたと、深い愛情を持つかに座は文字通り、運命の恋人とも呼べる最強の相性。ふたりが出会うのは星の導きで、結ばれるのも定められたシナリオ。自然な流れで最高のカップルに。

カレは おうし座

相思相愛の相性と言えば、おうし座とさそり座。おっとりしているカレと、激しい情熱を秘めたあなたは一見合わなそうに見えるけれど、近づくほどに強烈にひかれあうことに。ふたりだけの秘密を持つと、さらに絆が太く。

カレは しし座

つかみどころのない魅力を持つあなたは、他の女子とは違った大人っぽいムードを漂わせているよ。ふつうの恋愛では満足できないしし座がそんなあなたに目をつけるのは当然。ただ、性格が真逆なのでつきあうのは試練。

カレは ふたご座

好奇心旺盛なふたご座は、つかみどころのないあなたに興味シンシンで、好きではないのに近づいてくることもありそう。本気になった途端、離れていく心配も。まずは友だちとしてつきあい、波長が合ったらさらに深く交流を。

カレは おとめ座

分析力に優れたおとめ座は、よきアドバイザー。あなたが悩んだり、困ったとき、ピッタリ合ったアドバイスをしてくれるはず。何かと頼って甘えるうち、友情が恋に変化する期待もあり。カレへの贈り物には本がおすすめ。

♥さそり座の恋愛♥

誰かを好きになったら、ほかの男子なんて目に入らなくなるぐらい、一途に恋しちゃう。ただ、かなりのやきもち焼きだから、カレがほかの女子とおしゃべりしているだけでイライラ。個性的なタイプと恋に落ちる運命♥

マークの説明

☀ すっごくうまくいきそうな最高の相性♥
⛅ なかなかイイ相性！　ときどきケンカに注意
☁ まあまあの相性、うまくいく可能性アリ！
☂ 努力しだいでOK！　あきらめないで！

カレは てんびん座

ケンカをすることはないけれど、かといって意気投合するほど相性がピッタリともいえないふたり。それはお互いの興味や関心に共通点が少ないせい。一緒に楽しめることを増やしていくうち、自然と情熱も高まっていくよ。

カレは やぎ座

粘り強いふたりは、息の長い恋をするよ。はじめはただの友だちでも、時間をかけてゆっくりと恋人、そしてやがては夫婦へと関係をステップアップさせていくはず。ずっと一緒にいるのに、不思議と飽きない組み合わせだよ。

カレは さそり座

ホットなラブストーリーが似合うふたり。出会った瞬間、一目で恋に落ちるなんて、ドラマチックな経験をするかも。ラブラブになれる相性だけに、カレとのデートやメールばかりに熱中しすぎないことが愛を守るカギに。

カレは みずがめ座

みんなはカレをクールで頭がいいと言うけれど、あなたにはただの冷たいタイプにしか思えないかも。ふたりはまさに水と油。あえて近づかないほうがお互いのため。どうしても仲を深めたいなら、共通の仲間や趣味を増やして。

カレは いて座

冒険好きないて座との恋はスリリング！ドキドキするようなことばかりするから、あなたはもうボルテージが上がりっぱなし。心配なのは、カレの移り気なところ。飽きられないように、いろいろな話題に強くなっておいて。

カレは うお座

うお座とは、感動や笑いのツボが同じ。他の人には通じないギャグでも、ふたりの間では大爆笑が起きるほど。お互いにシャイだから恋を意識するまでには時間がかかるけれど、一度燃え上がった情熱の炎は簡単には消えないよ。

11/23〜12/21生まれ
いて座のあなた

カレは おひつじ座

まさにひと目ボレという言葉がピッタリくるのが、この組み合わせの場合。情熱的なふたりは、出会ってすぐに恋に落ちるはず！　どちらも気が強いからケンカはハデ。でも、次の日には何事もなかったみたいにベタベタしていそう。

カレは かに座

世話好きで親切なかに座に助けられたのがきっかけで、恋を意識する関係になるかも。でも、ベタベタしたがるカレに、自由人のあなたは息苦しさを感じる恐れが高いみたい。耐えきれなくなったあなたが結局は逃げ出すことに。

カレは おうし座

明るくて元気いっぱいのあなたと、マイペースで穏やかなおうし座。恋はもちろん、友だちとしても波長が合いにくいかも。とはいえ、最初はチグハグでも、時間がたつにつれてなじんでいくよ。長期戦のスタンスでGO！

カレは しし座

ドラマに出てくるようなカップルになれるのがしし座といて座。ヒーロー＆ヒロイン願望が強いふたりだから、出会いから告白、交際まで、すごくおしゃれに展開していくよ。恋愛漫画を読んでおくのも、よい恋の勉強に。

カレは ふたご座

変化していく相性。最初はお互いをライバル視しているけれど、何かのタイミングで気が合うとわかると関係一変！　急にお互いのことを異性として意識しあうことに。テンポよく仲は深まるけど終わりは意外に早いかも。

カレは おとめ座

優等生タイプのおとめ座と、自由人のいて座。もしあなたとカレがつきあいだしたら、周囲からは「まさかあのふたりが！」と驚かれること確実の組み合わせ。最初はお互いの違いに苦しむけど、時間をかけて愛を育めば幸せに。

♥きょうのひとこと♥ ヒラメキ運。ピンときたことはメモに残し、実現に向けて一歩を踏み出すとラッキー。

♥いて座の恋愛♥

サッカーしている姿がカッコいいとか、偶然見かけたときの服がおしゃれだったとか、そんなささいな理由で人を好きになりやすいタイプ。インスピレーションで動くから、展開もスピーディー。ハーフっぽい子と相性◎。

マークの説明

- ☀ すっごくうまくいきそうな最高の相性♥
- 🌤 なかなかイイ相性！　ときどきケンカに注意
- ☁ まあまあの相性、うまくいく可能性アリ！
- ☂ 努力しだいでOK！　あきらめないで！

パート Part 2 相性星うらない♥

カレは てんびん座

明るくてオープンな性格のあなたと、社交的なてんびん座は、みんなから応援してもらえるようなカップルになりそう。ふたりきりでラブラブムードを味わうというよりは、仲間とワイワイやっているほうが◎。

カレは やぎ座

頑張り屋のやぎ座は、勉強も部活もきちんとやって結果を出すタイプ。スゴイなと尊敬する気持ちがやがて恋に変わっていきそう。カレが得意とすることを教えてとお願いするのがよい接近法。いて座の遊び好きな面は封印して☆

カレは さそり座

物静かに見えるさそり座の底知れないパワーや秘めた情熱に、興味をソソられそう。あなたの積極的なアタックで、ラブストーリーの幕が上がるけれど、つきあい始めると関係逆転！　カレにリードされ、守られる関係に。

カレは みずがめ座

自由でサッパリしたみずがめ座とは、「デートしちゃう？」なんて感じで、軽いノリから交際がスタートするパターンが多いみたい。すぐ飽きるかと思いきやそうでもなくて、意外と長続き。将来結婚する可能性もある相性だよ。

カレは いて座

サバサバしているふたり。一緒に遊びに行ったり、協力しあってイベントを成功させたり、まず友だちとして意気投合しそう。恋を意識するのは、ライバル登場がきっかけ。他の子に奪われたくないと急に本気モードに。

カレは うお座

うお座の持ついやしムードに心を奪われてしまうかも。カレも、あなたの明るさにはひかれるはず。ただ、残念ながら性格が違いすぎるふたり。最初はお互いに合わせようと努力するけれど、やがてそれが面倒になりそう。

12/22～1/19生まれ
やぎ座のあなた

カレは おひつじ座

強気で行動的なおひつじ座と、控えめに見えてシンの強いあなた。どちらも自分の考えがしっかりしているから、何かとぶつかりあうことが多いかも。相手に一歩ゆずる気持ちを持てれば、恋に発展する可能性も急上昇！

カレは かに座

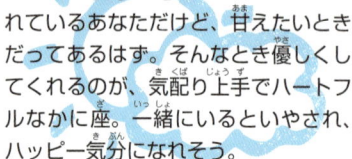

しっかりしたお姉さんっぽい女子と思われているあなただけど、甘えたいときだってあるはず。そんなとき優しくしてくれるのが、気配り上手でハートフルなかに座。一緒にいるといやされ、ハッピー気分になれそう。

カレは おうし座

運命の導きで引き寄せられてくるのがおうし座。ただ、どちらも慎重で石橋を叩いて渡る性格だけに、恋がスタートするまでにはかなり時間がかかるかも。気長に愛を育んでいけば、大人になってもラブラブでいられるよ。

カレは しし座

プライドは高いのに、努力があまり好きではないしし座は、実はあなたのキライなタイプ。カレは大人びたあなたのことはちょっぴり苦手。お互いあまりいい印象は持ってないはずなのになぜかひかれあい、離れられない相性。

カレは ふたご座

興味の方向性が違うふたご座とは、友だちになれるかどうかもビミョウな感じ。でも、たまたま班や部活で一緒に活動する機会があるとお互いの印象が一変。けっこういいヤツと考えが変わりそう。恋は手紙の交換から誕生。

カレは おとめ座

どちらも簡単には人を好きにならないタイプだから、すぐには恋が始まらないけれど、友だちとしてつきあっているうち、自然発生的に恋愛感情が芽生えてくるから安心して。しかも一度結ばれた絆は永遠に続くみたい。

♥やぎ座の恋愛♥

12星座の中でいちばん安定した恋を好むのがやぎ座。お願いしたことをきちんとやってくれるような、優しくて誠実な男子を好きになりそう。ただ、自己アピールは苦手だから、自分からはなかなかアタックできないかも。

マークの説明

☀ すっごくうまくいきそうな最高の相性♥

🌤 なかなかイイ相性！　ときどきケンカに注意

☁ まあまあの相性、うまくいく可能性アリ！

☂ 努力しだいでOK！　あきらめないで！

カレは てんびん座

遊びやおしゃれが大好きなてんびん座と、マジメなあなた。残念ながらお似合いのカップルというムードではなさそう。なかよくなりたいなら、髪型を変えたり、カレ好みの話題を集めたり、あなた自身が変わる努力をすると◎。

カレは やぎ座

文句なしのベストカップル。同じやぎ座生まれだけに、浮かれることなく、地道にしっかりと愛を育てていけるはず。どちらもマジメすぎるせいで、ギクシャクすることはあるけれど、ケンカになることはないなかよしさん。

カレは さそり座

相性はいいけれど、少しだけ難あり。というのも、あまり感情を表に出さないふたりは、心の底ではお互いのことを好きだと思っていても、それが相手に伝わりにくいの。なかよくなるには、気持ちに素直になってみて！

カレは みずがめ座

個性的なみずがめ座と、落ち着いたあなた。一見チグハグな組み合わせだけど、なぜかウマが合うから不思議。お互いの知らない世界を教えあうと、ますます親しくなれるはず。ただし、親友とのWデートだけは避けてね！

カレは いて座

いて座のチャレンジ精神が旺盛なところや、怖いモノ知らずの行動力にあこがれを抱くあなた。とはいえ、あまりの無神経さにはイラッとくることも多いかも。小さなことは気にしないぐらいの気持ちになれば、急接近の期待も。

カレは うお座

みんなから注目されるようなお目立ちカップルではないけれど、お互いの欠点をカバーしあえる好相性の組み合わせ。一緒にいると喜びは倍になるし、悲しみは半分になるよ。ふたりだけの時間を増やすほどラブラブに★

みずがめ座のあなた

カレは おひつじ座

クールなあなたと、男っぽいハッキリした性格のおひつじ座は、なんでも言いあえる風通しのいい関係が築けるよ。ただ、あなたがサバサバしすぎて女の子扱いしてもらえない心配も。たまには甘えて頼ると恋が誕生しそう。

カレは かに座

感受性豊かなかに座は、あふれる愛の持ち主。とびきり優しくて尽くしてくれるけど、束縛がキライなあなたにはそれが重荷かも。はじめはカレの気持ちがうれしく思っても、そのうち口うるさく感じて逃げ出したくなりそう。

カレは おうし座

テンポが合わず、ケンカになりがちな相性。マイペースなおうし座は、あなたに合わせようとしないし、あなたもカレののんびりぶりにイライラ。恋を実らせるには努力が必要だよ。共通点を見つけて、接近のきっかけを作ってね！

カレは しし座

なぜか気になってしまうのがしし座。何かとぶつかりあうのに目が離せないかも。それはふたりが強い絆で結ばれている証拠。ケンカしたくない気持ちはわかるけれど逃げないこと！　本音を伝えあうことで愛が深まるはず。

カレは ふたご座

楽しくなきゃ恋じゃない。そう思っているふたりは、すぐになかよくなれそう。いざ交際がスタートすれば、毎日のようにデートをエンジョイ！　遊ぶばかりでなく、一緒に勉強したり、お互いを高めあえるから親ウケも抜群！

カレは おとめ座

遠くから見ていたときにはステキと思えた部分が、近づくにつれて退屈と感じてしまうかも。だからなりゆきでつきあい出しても、すぐうまくいかなくなっちゃうかも。まずはいちばんの親友になることから始めてね☆

♥ きょうのひとこと ♥ タイミングに恵まれる日。待たずにバスや電車に乗れたり、どこへ行くにもスムーズ☆

♥みずがめ座の恋愛♥

あなたの恋は、友情から始まることが多いかも。仲のいい男友だちのことが、気づいたら好きになっていたというのがよくあるパターン。頑張ってアタックしたりせず、自然に関係を深めていくよ。趣味が似てるカレと相性◎。

マークの説明

☀ すっごくうまくいきそうな最高の相性♥
⛅ なかなかイイ相性！ ときどきケンカに注意
☁ まあまあの相性、うまくいく可能性アリ！
☂ 努力しだいでOK！ あきらめないで！

カレは てんびん座

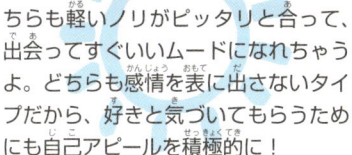

両思いになれる可能性が高い組み合わせ。どちらも軽いノリがピッタリと合って、出会ってすぐいいムードになれちゃうよ。どちらも感情を表に出さないタイプだから、好きと気づいてもらうためにも自己アピールを積極的に！

カレは やぎ座

ユニークな感覚を持つあなたは、変わったことをやりたがるタイプ。地に足のついたやぎ座には、それが心配でならないみたい。口うるさくあれこれ言われてウンザリしちゃうかも。進展を望むなら、カレの話をちゃんと聞いてね。

カレは さそり座

変わっているという点では似ているけど、考え方は真逆で理解しあうのは難しいみたい。どうしても恋を実らせたいときは、思いきってさそり座好みに大変身するとか大胆な作戦もいいかも。他の男子の話をするのはNG。

カレは みずがめ座

テレパシーで通じあっているの？と思うぐらい、ツーカーでわかりあえるのが同じみずがめ座のカレ。ヒマだなと思っていたら遊びに誘ってくれたり、タイミングのよさもバッチリ！ 問題らしい問題がないのが逆に欠点かな!?

カレは いて座

ノリのいいふたりはすぐ意気投合！ ただのクラスメートから恋人へと、スピーディーにステップアップしそう。問題はお互いにシバられるのが苦手なところ。それぞれの自由を認めすぎて心が離れ離れにならないよう注意して。

カレは うお座

冷静で冷めたところがあるあなたと、感情豊かで涙もろいうお座。考え方や感覚はあまり合ってはいないけれど、その違いがお互いのいい刺激になってくれるみたい。一緒にいるとグングン成長でき、ステキなカップルに！

2/19〜3/20生まれ うお座のあなた

カレは おひつじ座

好きな女の子には猛烈アタックをするし、ベタベタとしてくるおひつじ座。さびしがり屋で甘えん坊なところがあるあなたには、そんなカレのアツさがうれしいかも。少しデリカシーがないところはあるけれど意外に好相性。

カレは かに座

好きな人とはずーっと一緒にいたい。そんなあなたの願いを自然とわかってくれるのが、愛情豊かなかに座。あなたがさびしがらないよう、小マメに連絡をくれるし、デートもロマンチック！　相思相愛の最高のカップルに。

カレは おうし座

いつもニコニコ、穏やかなおうし座とは、一緒にいるだけで心がホッコリするよ。ただ、どちらも自分から告白するタイプじゃないから、しばらくは友だち関係が続くかも。恋を始めたいなら、あなたから好きと告げて！

カレは しし座

頼りなげなあなたをかわいがり、守ってくれるしし座。相性はまずまずだけど、あなたが甘えすぎるとトラブルに発展する恐れも。さびしいからといって、独占しようとしちゃダメ。わがままも許してもらえるのは3度まで。

カレは ふたご座

少しだけ心配な相性。ミーハーなところが似ているふたりは、流行りの音楽や遊びの話題で急接近できそう。でも、移り気なふたご座は、あなたとなかよくしながらも別の子にちょっかいを出したり…。心が休まらないかも。

カレは おとめ座

ロマンチックな恋が生まれる組み合わせ。まるで映画やドラマのワンシーンのようなことが起きて、ふたりは自然とひかれあうことになるよ。思いがけないトラブルも起きるけれど、それがより愛の絆を強める結果に♥

♥うお座の恋愛♥

はかなげな雰囲気があるあなたは、男の子が守ってあげたいと思う魅力の持ち主。かなりモテるタイプのはず。感受性が鋭いから、ちょっと優しくされたり、笑顔を向けられたりするとすぐに、恋に落ちちゃうことも。

マークの説明

☀ すっごくうまくいきそうな最高の相性♥

🌤 なかなかイイ相性！ ときどきケンカに注意

☁ まあまあの相性、うまくいく可能性アリ！

☂ 努力しだいでOK！ あきらめないで！

カレは てんびん座

人あたりがソフトなてんびん座は、あなたにも親切で、知らない間にグングンひかれてしまうよ。ただ、あなたが好きになって追いかけ出すと突然、カレのほうが逃げ腰になるかも。本気になる前にカレの本音を探っておく必要が。

カレは やぎ座

現実的なやぎ座は、夢見がちなあなたから見ると、頭が固くて退屈。でも、いざというときの安定感はピカイチで、ホレ直しちゃうはず。カレの長所に気づいたら、そこをホメてあげて。喜ばれ、恋がスクスク育っていくよ。

カレは さそり座

一瞬で好きになってしまうぐらい、波長がピッタリ合っているふたり。日頃はあまり積極的ではないのに、なぜかこの恋に関しては大胆になれそう。お互い大好きになりすぎて、周りが見えなくならないよう注意！

カレは みずがめ座

頭がいいみずがめ座とのおしゃべりは盛り上がって、最高に楽しいはず。でも、恋に求めるものが違うふたりは、ロマンチックなムードにはなりづらそう。肩にタッチしたり、大胆な演出でドキッとさせるのが進展のカギに。

カレは いて座

ただの友だちから、ひょんなきっかけで恋が芽生えそうなふたり。ただし、いて座はおおらかで楽しい性格だけど、誠実さには欠けるフシが。あなたが夢中になっても、カレはあんまり真剣でない可能性も。冷静さを忘れないでね。

カレは うお座

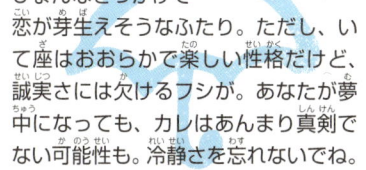

いちいち自分の気持ちを言葉に出したりしなくても、わかりあえるふたり。どちらもホレっぽいから、ささいな偶然を運命と感じて、すぐ恋が始まりそう。ライバルが登場したときは、思いきって先に告白しちゃおう！

もっと LOVELOVE（ラブラブ）になれる おまじない

おまじないとハッピーになれるチャームで、カレのハートをゲット！

カレと両思いになれるおまじない

このおまじないは、月がくっきりと輝いて見える夜にやるのがポイント。透明のコップに赤いキャンディーを2個入れて、月明かりの下でふっと息を吹きかけ、窓辺に置いておこう。次の日の朝、カレのことを考えながら、まず1個のキャンディーを食べてね。もう1個は、カレに会った後で。近いうち、きっと両思いになれるよ。

ハッピーチャーム 1　キラキラ手鏡

キラキラと光る手鏡には、恋を実らせる魔力が備わっているの。いつもピカピカにみがいて、持ち歩くようにしてね。そしてカレに気づかれないように、カレの姿をそっと映して。これで、ハートをガッチリつかめるはず♥

ハッピーチャーム 2　愛のチョウチョ

古くから愛のお守りとしてよく知られているのが、実はチョウなの。チョウ柄の文房具やアイテム、チョウの形のアクセサリーなどを、ぜひ愛用して。あなたにも、ステキな恋が訪れるよ。チョウの絵が入った便せんにラブレターを書けば、大好きなカレをトリコにすることも可能かも!?

Dear まことくん

♥ きょうのひとこと ♥ グループ活動にピッタリ！　仲間とアイデアを出しあえば、遊びも勉強も充実するはず。

Part 3

なかよし友だちネットワーク

友情をもっと深めたいときには、このページ！

ライバルやニガテな友だちとのつきあい方も星うらないでアドバイス。

血液型うらないではみんなの本性まるわかりだよ★

1人で＆みんなで見てね！

あの友だちとももっとなかよくなれそう！

星うらないベストフレンドランキング

あなたの親友になれそうな友だちの星座や、
ちょっとニガテな星座を教えるよ！

▶ うらない方

まず自分の星座のページを見てね。たとえば、あなたがおうし座なら、いちばんなかよくなれそうなのは、おとめ座の友だちってことだよ。
ランキング以外の星座にもふれてあるから、よく読んでみてね★

なかよしの親友になれそうな友だちの星座

張りあうライバルだけど、いい友だちになれる!?

ちょっとニガテだけど、なかよくしてみよう！

おうし座のあなた

なかよしランキング
1位 おとめ座
2位 やぎ座　3位 おうし座

おうし座が近してくれるのは…

ライバルランキング
1位 さそり座
2位 しし座　3位 みずがめ座
正反対の性格に…？

ニガテランキング
1位 ふたご座

おひつじ座のあなた

なかよしランキング

1位 いて座

2位 しし座　3位 おひつじ座

一緒にいるとモテモテなしし座

いつも元気いっぱいなあなたとなかよしになれるのは、同じくパワフルで前向きないて座。どこにいてもパッと目立つしし座とは、お互いを引き立てあえる関係だよ。一緒にいるとどちらも男子からモテモテかも。同じおひつじ座は、あなたの気持ちを理解してくれるいちばんの理解者。情報通のふたご座とはおしゃべりで盛り上がれそう。

ライバルランキング

1位 てんびん座

2位 やぎ座

3位 かに座

恋のライバルになるのは…

白黒ハッキリつけたいあなたと対立しやすいのは、平和を愛するてんびん座。マジメなやぎ座も天敵。何かとチャチャを入れてきそう。かに座、うお座とは、恋のライバルになりがち。好きなカレを奪われないよう注意。

ニガテランキング

1位 さそり座

2位 おとめ座

3位 おうし座

イライラしちゃいそう!?

明るいあなたは、秘密主義で何を考えているかわからないさそり座がニガテかも。行動ペースが違うおとめ座、おうし座にもイライラさせられがち。クールなみずがめ座の言葉には傷つくシーンが。気にせず、サラッと流して。

おうし座のあなた

なかよしランキング

1位 おとめ座

2位 やぎ座　3位 おうし座

おうし座がいやしてくれるよ

おっとりして優しいあなたの信頼を裏切らないのは、おとめ座の友だち。しっかり者のやぎ座は、勉強でわからないことを教えてくれたり、何かと頼れる存在だよ。行動ペースが似ているのは、同じおうし座の子。一緒にいるとほっこりといやされるよ。家庭的なかに座とは、興味のあることが同じ。おしゃべりの話題が尽きないはず。

ライバルランキング

1位 さそり座

2位 しし座

3位 みずがめ座

正反対の性格は…？

性格が正反対のさそり座とは、何かと対立しやすいかも。恋愛面では、思い立ったら即行動に移るしし座が、ジワジワと愛を育むあなたの最大のライバル。アクの強いみずがめ座とおひつじ座とはつきあうだけで疲れそう。

ニガテランキング

1位 いて座

2位 てんびん座

3位 ふたご座

のんびり屋のあなたには…

自由気ままないて座は、のんびり屋のあなたのペースを狂わせる困ったちゃん。ミーハーなてんびん座、ふたご座は、あれこれ詮索してきてうっとうしそう。ちゃっかり屋のうお座には面倒を押しつけられないようにご用心。

ふたご座のあなた

なかよしランキング

1位 てんびん座

2位 みずがめ座 3位 ふたご座

てんびん座と買い物したい

気が合うのはてんびん座。おしゃれのアドバイスをしあったり、一緒に買い物に行くと楽しそう。また、ノリのいいあなただけに、テンションが高い友だちとも好相性。みずがめ座やふたご座とは情報交換をしたり、刺激しあえるいい関係だよ。なぜか不思議と気が合うのは、明るいしし座。ツーカーで通じあえ、自然体でつきあえそう。

ライバルランキング

1位 いて座

2位 おとめ座

3位 うお座

傷つきやすい人は×?

陽気ないて座はおいしいところをさらっていく名人。おとめ座、うお座はあなたがちょっとからかっただけで傷ついちゃって、お互いにイライラするかも。マイペースなおうし座は、思い通りに動いてくれない相手。

ニガテランキング

1位 やぎ座

2位 さそり座

3位 かに座

批判してくるのは…

明るいけど無責任なところがあるふたご座を、何かと批判してくるやぎ座は超ニガテなタイプ。さそり座、かに座のベタベタしたつきあいにもウンザリ。おひつじ座はしきりたがり屋で、あなたのことにも口出ししてきそう。

かに座のあなた

♥ なかよしランキング

1位 さそり座

2位 うお座　3位 かに座

さそり座との友情∞

数は少なめだけど、友情を大事にするかに座には、同じく一途なさそり座がピッタリ！　一生続くような深い絆で結ばれそう。思いやりのあるうお座ともなかよし相性。一緒にいると優しい気持ちになれるし、何かと助けあえるはず。姉妹みたいに仲がいいのは、かに座。細かいところによく気がつくおとめ座は、信頼できる親友候補。

☆ ライバルランキング ☆

1位 やぎ座

2位 しし座

3位 てんびん座

やぎ座は勉強のライバル

粘り強いやぎ座は、勉強のライバル。一生懸命頑張っても、なかなかテストで勝てないかも。押しの強いしし座には、イヤなことを押しつけられやすいので注意を。お調子者のてんびん座、ふたご座には裏切られる心配が。

ニガテランキング

1位 おひつじ座

2位 みずがめ座

3位 いて座

いて座とはトラブルが!?

ニガテなのは、わがままなおひつじ座。鋭いみずがめ座には痛いところを突かれてヘコみそう。自由人のいて座は、悪気なく問題を起こすトラブルメーカー。のんび屋のおうし座にも注意。一緒にいるとあなたも遅刻しがちに。

しし座のあなた

♥ なかよしランキング ♥

1位 おひつじ座

2位 いて座　3位 ふたご座

お互い応援しあえるのは…

話題も行動パターンも似ていて、とにかく一緒にいると楽しい星座といえば、おひつじ座。前向きで行動的ないて座とは、お互いの夢を応援しあえるよき仲間になれるよ。胸の内に秘めたあこがれをぜひ語ってみてね。勉強やおしゃれで、役立つテクニックを教えてくれるのはふたご座。同じしし座とはケンカもするけど、大のなかよし。

☆ ライバルランキング ☆

1位 みずがめ座

2位 さそり座

3位 おうし座

さそり座の怒りに注意！

想像もしないような反撃をしてくるのは、一風変わった考え方をするみずがめ座。さそり座はキゲンを損ねると大変。怒りを買うような行動は控えてね。おうし座、てんびん座の優しさには裏が。親切も真に受けないでね。

ニガテランキング

1位 おとめ座

2位 うお座

3位 かに座

ニガテでも話しかけて

頼りなげなおとめ座は、しし座が最もニガテとする相手。甘え上手なうお座には、ちゃっかり利用されないよう注意が必要。かに座とやぎ座からは避けられているように感じがち。気さくに話しかければなかよくなれるはず。

おとめ座のあなた

なかよしランキング

1位 やぎ座

2位 おうし座　3位 さそり座

ルールを守る友だちは…

しっかり者でいいかげんなことがキライなおとめ座。深い友情で結ばれるのは、ルールや決まりをきちんと守るやぎ座の友だち。相談したいことがあるときは、親身になってくれるおうし座へ。口が堅いさそり座も信頼できるカウンセラー。悩みを打ち明ければ、役立つアドバイスをくれるよ。同じおとめ座とは恋バナで意気投合！

ライバルランキング

1位 うお座

2位 いて座

3位 ふたご座

ルーズな星座は強敵!

ルーズなのに人気者のうお座は、きちょうめんなあなたの目の上のタンコブ。いて座はドタキャンの常習犯。おしゃべりなふたご座は、打ち明け話をしようものなら、すぐばらされそう。意外に怒りっぽいかに座は扱いが難しそう。

ニガテランキング

1位 てんびん座

2位 おひつじ座

3位 しし座

強気なアノ人はニガテ

おしゃれなてんびん座は、気取っているわけではないけど、一緒にいると緊張しそう。強気なおひつじ座、しし座にも注意。NOと言わないと調子に乗っていばり出すかも。クールなみずがめ座との会話はかみあわなくて退屈。

♥きょうのひとこと♥ 勝利の女神がニッコリ微笑んでいるよ。絶対勝つ! と自分に暗示をかけてチャレンジを。

てんびん座のあなた

なかよしランキング

1位 ふたご座

2位 みずがめ座　**3位** いて座

一緒にいて楽しいふたご座

話題が豊富で、ジョークが得意なふたご座は、一緒にいると楽しくて時間がたつのも忘れちゃうぐらい。平和を愛するあなたと考え方が似ているみずがめ座とも、心から信頼しあえる友だちになれるよ。行動派のいて座は、知らない世界や価値観を教えてくれるラッキーフレンド。同じてんびん座は恋愛面で協力しあえる貴重な存在だよ。

ライバルランキング

1位 おひつじ座

2位 やぎ座

3位 かに座

チェックきびしいやぎ座

何かとあなたを目の敵にして競いあってくるのは、おひつじ座。やぎ座からのチェックもきびしくて、ウンザリ。ツッコまれないよう、ルールはきちんと守って。友だちを独占したがるかに座とさそり座とは気が合わなさそう。

ニガテランキング

1位 おうし座

2位 おとめ座

3位 うお座

シンが強いあの星座

おとなしく見えて実はシンが強いおうし座とおとめ座。意見や希望を伝えても、簡単に聞き入れてくれないかも。うお座はなくし物の名人。物を貸すときはそこを覚悟のうえで。チヤホヤされないとフキゲンになるしし座もニガテ。

さそり座のあなた

1位 うお座

2位 かに座　**3位** さそり座

わかってくれるうお座

こだわりが強いさそり座のことをわかってくれるのは、心優しいうお座。世話好きなかに座とも好相性。誤解されやすいあなたのことを、みんなから守って、助けてくれるよ。

何も言わなくてもお互いの心が読めてしまうのは、同じくさそり座生まれの子。頑張り屋のやぎ座は尊敬できる友だち。一緒に勉強するとすごく集中できるはず。

ライバルランキング

1位 おうし座

2位 みずがめ座

3位 しし座

引き立て役にされそう!?

キライじゃないのに、顔を合わせるとトラブルになりがちなのはおうし座。サバサバしすぎているみずがめ座は、相談をしても聞き流すだけで、冷たい感じ。目立ちたがり屋のしし座、おひつじ座には引き立て役にされそう。

ニガテランキング

1位 ふたご座

2位 いて座

3位 てんびん座

社交的な星座はニガテ

ニガテなのは、何をやらせても器用なふたご座。物静かなあなたは、元気があって社交的ないて座、てんびん座にもニガテ意識を抱きがちで、無意識のうちに避けてしまうかも。おとめ座とは親しそうに見えて実は腹の探りあい。

いて座のあなた

♥ なかよしランキング ♥

1位 しし座

2位 おひつじ座 3位 いて座

ライバル

一緒に成長できるしし座

ポジティブパワーあふれるしし座は、明るくて大きな夢を持っいて座のベストフレンド。共通の趣味や目標を持つと協力しあえ、一緒にどんどん成長していけるよ。部活や委員会で最強タッグを組むなら、おひつじ座。息ピッタリのふたりなら怖いモノなしだね。会話のキャッチボールが楽しめるいて座とてんびん座も、大事な友だち。

☆ ライバルランキング ☆

1位 ふたご座

2位 うお座

3位 おとめ座

会話が続かないのは…!?

アバウトなあなたのライバルは、マメなふたご座。ボンヤリしているうちに先を越されないよう気をつけて。ベタベタしたがるうお座は、自由人のいて座には重たいかも。カタいおとめ座、やぎ座とは会話が続かなくてブルーに。

ニガテランキング

1位 かに座

2位 おうし座

3位 みずがめ座

束縛しそうなのはニガテ

束縛がキライなあなたにとって、かに座の親切はありがたメイワク。おうし座は意外に面倒くさがり屋。遊びに誘っても全然乗ってこないかも。鋭いみずがめ座、さそり座には、痛いところを突かれやすいのでガードを。

やぎ座のあなた

なかよしランキング

ファイト！ OK！

1位 おうし座

2位 おとめ座　3位 やぎ座

きびしいけど親友のおとめ座

コツコツと頑張れるあなたを支えてくれるのは、自分の考えをしっかり持ったおうし座の友だち。観察力に優れたおとめ座は、弱点を見抜いてくれる頼れるサポーター。きびしいことを言われても、きちんと聞くようにしてね。同じやぎ座とはツーカーで通じあえるから、よき遊び仲間に。うお座はホメ上手。頼られるとうれしくなるかも。

ライバルランキング

1位 かに座

2位 おひつじ座

3位 てんびん座

かに座は恋のライバル

恋のライバルになりやすいのは、家庭的なかに座。リーダータイプのおひつじ座は、あなたを従わせようとするからイライラ。気分屋のてんびん座、ふたご座には振り回されがち。イヤなことは頼まれても断って正解。

ニガテランキング

1位 しし座

2位 いて座

3位 みずがめ座

しし座の行動にハラハラ

マジメで慎重なあなたから見ると、しし座は怖いモノ知らず。やることなすことハラハラさせられそう。陽気ないて座、みずがめ座に対しても「自分とは違う」と思いがち。さそり座の意外にいじわるなところも正直ニガテ。

♥ きょうのひとこと ♥ 注意散漫になりがち。財布やカギを落としたりしないよう、貴重品はしっかりと管理を。

みずがめ座のあなた

なかよしランキング

1位 てんびん座

2位 ふたご座　3位 みずがめ座

おしゃれなてんびん座と◎

クールでカッコいいあなたに似合う友だちは、おしゃれガールのてんびん座。一緒にいるとまるで雑誌から飛び出してきたみたい。笑いのツボが一致するのは、好奇心旺盛でノリのいいふたご座。同じみずがめ座の友だちとは、言いたいことを言いあえる風通しのいい関係。おひつじ座は、勇気が欲しいときに後押ししてくれる存在だよ。

ライバルランキング

1位 しし座

2位 おうし座

3位 さそり座

情熱的なしし座は強敵

恋をしてもクールなみずがめ座にとって、情熱的なしし座は手強い恋敵。幸せを奪われたくないなら、素直になってね。ガンコなおうし座、さそり座とは遊びの計画を立てるだけでもひと苦労。いて座には出し抜かれがち。

ニガテランキング

1位 うお座

2位 かに座

3位 おとめ座

感情的なうお座・かに座

いつも冷静なあなたには、感情に流されやすいうお座、かに座の行動が理解できなさそう。優等生タイプのおとめ座も、ノリが悪くてニガテな友だち。大人びたやぎ座は、お姉さんぶっているところが気に入らないかも。

うお座のあなた

♥ なかよしランキング ♥

1位 かに座

2位 さそり座　**3位** うお座

いやされそうな親友たち

自分のことよりも、友だちのことを考えて動けるうお座のあなたにピッタリなのは、ハートフルであたたかい心を持ったかに座。じっくり話を聞いてくれるさそり座も大好きな友だちのひとり。ツラいことを話すうち、元気になれそう。特別何かしなくても不思議と気持ちが通じあえるのは、うお座。おうし座の笑顔にもいやされそうだね。

☆ ライバルランキング ☆

1位 おとめ座

2位 ふたご座

3位 いて座

陰のライバルおとめ座

仲がよさそうなのに、実は陰で互いをライバル視しているのはおとめ座。調子のいいふたご座、いて座にもご用心。デタラメな話に乗せられて痛い目にあいそう。粘り強いやぎ座には、知らない間に立場を逆転される心配が。

ニガテランキング

1位 みずがめ座

2位 おひつじ座

3位 しし座

強気な星座はニガテ

感情豊かで優しいあなたは、ドライなみずがめ座の発言に傷つくことが多いかも。気弱な性格だから、強気でグイグイ攻めてくるおひつじ座やしし座もニガテ。八方美人のてんびん座とは似たキャラだけに警戒心が働きそう。

♥きょうのひとこと♥　周囲があなたに好意的。無理めなお願いや希望も聞いてもらえるから、えんりょなく伝えてね。

血液型でGO

血液型は、大きく分けてA、B、O、ABの4タイプ。
あなたや友だちは何型かな？　血液型で行動パターンがわかるよ！

A子　　O花　　B奈　　AB美

うらない方

ここでは、A型をA子、B型をB奈、O型をO花、AB型をAB美としているよ。4人は、同じ学校に通うなかよしグループ。遊園地に行こうという計画が持ち上がったけど、4人それぞれの行動は…!?
いろいろな場面で、血液型別に言いそうな言葉や行動と、その解説がのっていて、性格丸わかり!!
それぞれの性格を知っておけば、どのタイプの血液型ともももっとなかよくなれそう！
1人で＆みんなで、盛り上がって読んでみてね♥

1

昼休みにおしゃべりしていた4人。
近くにできた遊園地「ドキドキパーク」
のウワサを聞いたよ。さて4人の反応は？

O花「私たちも行こうよ！ 来週どう？」

A子「うん！ もちろん大丈夫」

B奈「行くなら〇〇のほうがいいな」

AB美「来週は天気悪そうなんだけど」

これはイベントのときの反応。明るくてムードメーカーの**O型**は、ノリノリでみんなをしきるよ。周りと同じじゃないと不安になる**A型**は、顔は笑っていても、実は合わせるのに必死!? **B型**は自由人。お祭り好きなキャラでノリはいいけど、退屈になった途端に帰ってしまうことも…。1人冷めているのは**AB型**。冷静にみんなを観察していそう。

2

結局、ドキドキパークに行くことに決定！
計画を練ることになったの。

A子「ねえねえ、どんなプランがいい？」

B奈「乗り物を全部制覇したい！」

AB美「人気のアトラクションは、
やっぱり混むよね」

O花「とりあえずチケットだけでも
買っておこうよ」

ここでわかるのは決断力や行動力。**A型**は主体性がなく、周りの意見を聞かないと決められないタチ。好き嫌いがハッキリしている**B型**は、やりたい、ほしいと思ったら、人のことはおかまいなしかも。**AB型**は頭でっかち。あれこれ考えすぎて、実際の行動に移る前に疲れちゃうことも多いよ。考えるより先に体が動くのは**O型**。ただ、先走って失敗しないようにね。

3 いよいよドキドキパークに行く日！日曜の朝10時に入口で待ち合わせ。さて、やってきた順番は？

A子 「よかった！ 集合時間まで10分以上ある」

O花 「早くみんな行こう！」

AB美 「よし、計算通り10時ジャスト！」

B奈 「ごめーん、電車に乗り遅れちゃって」

　ここからわかるのは責任感。A型はルールや決まりを守る優等生タイプで、集合時間より早く到着しておこうと考えるよ。O型は責任感、リーダーシップとも旺盛。出発前からヤル気満々。時間ピッタリに登場したAB型は、ムダを嫌う合理主義者。他人のことには無関心で、ちょっぴり無責任なところも。B型は、時間や約束にルーズな困ったちゃん。でも、不思議と憎まれないキャラだよ。

4 やっとみんなそろった！ さっそくドキドキパークに入ることに。さあ、どうする？

O花 「みんな、どこから回りたい？」

A子 「私はどれからでもいいよ、ついて行くから」

 B奈 「ジェットコースターに乗りたい」

 AB美 「ジェットコースターなら、パークの南側だね」

　ここに表れているのは集団行動のときの反応。O型は積極的で面倒見もいいから、自然とまとめ役に。でしゃばらないA型は、ムードをなごませるいやし的存在。マイペースなB型は、勝手に行動して、迷子や行方不明になることもしょっちゅうかも。AB型は、しっかり者のお姉さんキャラ。しきったりはしないけど、みんなの指南役として頼りにされるよ。

5 テレビでも話題の絶叫マシーンに乗ることに。でも、2時間待ちだって。その間みんなどうしてるかな？

A子 時計を気にしながら、ひたすら待つ

B奈 持ってきたゲームをやっている

O花 写真をとったり、列の前のほうを見に行ったり、何かしら動いている

AB美 時間がもったいないからと、他の混み具合やルートをチェックして回る

　このシーンでわかるのはガマン強さ。ひたすら待つことができる**A型**は、忍耐力ピカイチだね。**B型**は、ケースによりけり。キライなことはすぐ投げ出すけど、好きなことなら不思議とガマンでき、その集中力といったら、誰にも負けないよ。活動的な**O型**は、じっとしているのが大のニガテ。根っからのアクティブ系。**AB型**はガマンはキライ。面倒なことには最初から手を出さないほう。

6 遊んでいるうちに、ランチタイムになっちゃった。お昼ごはんはどうしよう？

A子 「お弁当作ってきたんだけど、みんな食べない？」

O花 「わあ、ありがとう。でも、それだけじゃ足りないからホットドックも買ってくるね」

AB美 「わっ！ A子のお弁当すごくかわいい。ごちそうになってもいいの？」

B奈 「私、あそこでラーメン食べてくる」

　ここには競争心や虚栄心が表れてるよ。心優しい**A型**は、争いがニガテ。お気に入りのグッズや好きな人でも、アッサリゆずってしまうところが。負けずギライな**O型**は、堂々と宣戦布告して張りあうはず。ちゃっかり屋の**AB型**は、かけひき上手。友だちを出し抜いて、欲しい物を手に入れちゃうかも。**B型**は正直者。友だち相手でもうそがつけず、なんでもぶっちゃけそう。

ランチの後は観覧車へGO！ 景色を
ながめながら、今いちばん興味あるものの話に。
みんなの話題は？

A子 勉強のこと

B奈 趣味のこと

O花 恋愛のこと

AB美 おしゃれのこと

開放的な場面や興奮気味のシーンでは、不
思議と会話に大事にしているものが表れるよ。
マジメなA型にとって、いちばんの関心事は勉
強かな。自分の世界を愛するB型が大切にして
いるのは、趣味。O型は情熱家で、いつでも
誰かに恋していたいタイプ。美意識が高いAB
型はおしゃれ好き。どうやったらかわいくなれ
るか、いつも考えてそうだね。

アッという間に夕方になって、もう帰る時間。
最後にひとこと言うなら？

A子 「今日はありがとう」

B奈 「まだ帰りたくないよ」

O花 「本当に楽しかった！
また来たいね」

AB美 「けっこうよかったんじゃない」と
言いながらバッグをごそごそ

ここでわかるのは、ケンカしたときの態度。平和主義のA型は、自分が悪くなくても、とりあ
えずあやまっておこうとするタイプ。相手のイヤなことを言って、火に油を注いでしまうのはB
型。楽天的なO型は、大ゲンカしても、翌日にはケロリとしてるよ。クールなAB型は、面倒な
ことがキライ。ケンカを吹っかけられてもサラッと流したりして、バトルを避けるのが上手だよ。

血液型別 NGワード OKワード

血液型別に、この言葉を言うと友情にヒビが入っちゃうNGワード、言うと友情が深まるOKワードを教えるよ！

A型

NG「あなたのせいだよ」

A型は、自分だけを責められると、おびえてしまうの。「あなただけのせいじゃないよ」と言ってあげて。

OK「優しいね」

コンプレックスが強く、自信不足なところがあるので、性格のよさをホメられると感激！

O型

NG「エラそうにしちゃって」

プライドが高いO型は、そこをズバリと指摘されると、怒り出すことがありそう…。

OK「やっぱり頼りになるね」

アネゴタイプのO型には、「頼りになる」のひとことが大ウケ！

B型

NG「○○さんを見習ったら？」

B型はワクにハメられるのが大キライ。人と同じにしろなんて言ったら、絶対×。

OK「さすが！そのアイデアすごいよ」

ヒラメキや発想が豊かなB型。そこをホメると「自分のことをわかってくれてる」とポイントUP！

AB型

NG「自分でやったことあるの？」

物知りだけど、本や資料の受け売りも多いAB型。実体験についてツッコまれたら、しどろもどろかも。

OK「センスいいよね」

ナルシストのAB型は、センスのよさをホメられるのが大好きだよ。

Part 4

才能のばして すてきな未来

ここではあなたの将来をうらなうよ。

心理テスト、手相、くわしい星うらないで、未来がバッチリわかる!

あなたの仕事や恋愛＆結婚はどうなるんだろう!?

進路を考えるきっかけにしてね。

未来をうらなって もっと ハッピーに

心理テスト 1 チャートでわかる あなたの才能

質問に「はい・いいえ」または「a・b」で答えてね！　やじるしをたどった先は…!?

はい or ⓐ →
いいえ or ⓑ →

START

1日だけなれる としたら？
ⓐ アイドル
ⓑ お姫さま

朝は、すぐ 起きられる？

うらないは 信じる？

漢字を 覚えるのは？
ⓐ 得意
ⓑ 苦手

テストで わからない問題が あったら？
ⓐ じっくり考える
ⓑ 飛ばして 後で考える

未来に色を つけるなら？
ⓐ バラ色
ⓑ 水色

♥きょうのひとこと♥　ガマンやストレスをためこみすぎているみたい。今日は無理せず、のんびり過ごしてね。

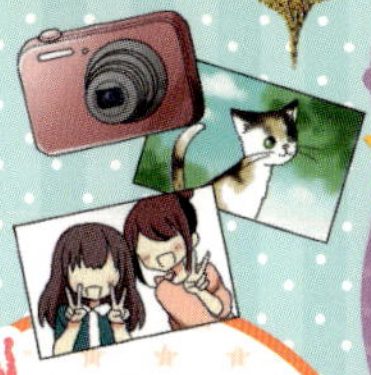

好きな
食べ物は？
ⓐ 最初に食べる
ⓑ 最後に食べる

片手を出して
みて。あなたが
差し出したのは？
ⓐ 右手
ⓑ 左手

カメラや
ケータイで写真を
とるのが得意

部屋や勉強机は、
いつもキレイに
片づいている

家の
お手伝いを
よくする

「おもしろい子」
って言われると
うれしい

自分の長所を
3つあげてみて。
すぐに言えた？

みんなでワイワイ
遊ぶより、
1人で過ごす
ほうが好き

みんなが持って
いないような
文房具やグッズを
集めるのが趣味

A B C D E

心理テスト いんだん診断 1

あなたに合う仕事は？

あなたに合った将来の仕事がわかるよ！

A になったあなたは

人を助ける仕事

コツコツ頑張れるのが、あなたの隠れた才能だよ。友だちが面倒がって投げ出しても、あなたは手を抜かずに努力を続けるはず。簡単そうだけど、それってなかなかできないことなの。そんなあなたにふさわしいのは、「専門知識を生かして人を助ける仕事」。スペシャリストならではの知識と技術で、周囲に頼りにされそう☆

B になったあなたは

人の役に立つ仕事

この答えにたどりついた人は、思いやり深くて、ガマン強い性格の持ち主。ふつうの人ならイヤがるような場面でも、決して逃げ出したりしないはず。合っているのは、「人の役に立つ仕事」。自分を犠牲にして取り組める強さと優しさを秘めたあなただからこそ、水を得た魚のように、イキイキと活躍できちゃうことウケアイ。

C になったあなたは

人を楽しませる仕事

あなたは、誰にも頼まれなくたって、わざと笑いを取るようなことをしたり、ちょっとしたものをプレゼントしたり、サービス精神旺盛なところがありそう。実は、そこが隠れた才能なの。そんなあなたには、「人を楽しませる仕事」がおすすめ。誰かに喜ばれるのがうれしくて、働くことがあなたにとっても喜びになっちゃうはず。

D になったあなたは

人に物を教える仕事

頭のキレがバツグンのあなたは、ガリ勉ってわけじゃないのに、けっこう成績がいいんじゃない？　友だちから勉強を教えてと頼まれることが多いはず。そんなあなたにとっては、「人に物を教える仕事」こそ天職！　自分の教えたことを、相手が吸収して成長していく姿を見るのが楽しくて、やりがいを持って働けそうだね。

どんな仕事をするのかな？

E になったあなたは　自分を売り込む仕事

キラリと光るセンスのよさや、ユニークな個性を持つあなた。ふつうの子たちにはマネできないようなことを考えたり、変わった趣味を持っていたり、ちょっと異色の存在かもね。そんな独自の発想や能力を発揮できる分野で、将来は大活躍する可能性大。自分の作品や企画を発表するなど、「自分を売り込む仕事」に向いているよ。

♥きょうのひとこと♥ ガラリとイメージチェンジを図るといい日。気になるカレをドキッとさせられるはず。

直感で答えてね!

深く考えず、直感で答えてね。4つのトランプのマークの数をおぼえておいて!

Q1

ケーキを作っているよ。最後の仕上げにチョコの家をトッピングするとしたら、あ〜えのどこに置く?

a. あのゾーン…♦
b. いのゾーン…♣
c. うのゾーン…♠
d. えのゾーン…♥

Q2

連想ゲームにトライしてね。
夏→海→□
□にピッタリだと思うのはどれ?

a. スイカ…♠
b. うきわ…♣
c. ビーチサンダル…♦
d. 麦わらぼうし…♥

Q4

なかよし4人で遊びに行った記念に、おそろいのグッズを買ったよ。それは次のどれだと思う?

a. ケータイストラップ…♦
b. ネックレス…♠
c. ノート…♥
d. ハンカチ…♣

Q3

下のイラストには4つの数字が隠れているよ。見つけてみて! さてあなたが2番目に見つけたのは?

a. 車のライトの部分にある2…♣
b. お城のてっぺんの部分にある4…♦
c. 木の中に隠れている7…♥
d. お城の窓の部分にある8…♠

Q5

吹き出しに入る言葉は次のうちのどれだと思う?

a. 「大丈夫?」…♣
b. 「元気だして」…♦
c. 「泣かないで」…♠
d. 「どこかいたいの?」…♥

★診断結果は次のページを見てね! 135

心理テスト診断 ②

テストのときのあせり度がわかる

このテストは、受験や定期テストのときのあなたの取り組み方がわかるよ★

診断方法 ‥‥‥‥‥‥‥

、♦、♣、♠ の中でいちばん
多かったマークはどれ？
同じ数だった場合は、→♦→♣→♠ の
順番で判断してね。

が多かったあなたは…

「ふだんからきちんと勉強しているのであせらない」タイプ

あなたはマジメな努力家。日頃から予習復習をきちんとやっていて、テストが近づいてもあせることはないはず。ただ、慣れてることは上手にこなせるけど、ちょっと応用がきかないかも…。テストに見たこともないような問題が出てると、あせってフリーズしちゃうとか。パニックになりそうなときは、深呼吸して心をしずめてね。

♦ が多かったあなたは…

「一夜づけで要領がいい」タイプ

要領がいいあなたは、チャチャッと一夜づけでいい点を取れちゃう、お得なタイプだよ。だけど、基本的な知識や理屈をちゃんと理解するところまで勉強していないから、テストが終わると頭からすっぽり抜けやすいのが弱点。定期試験は好成績でも、実力テストや受験では大失敗なんて心配が。復習の習慣をつけて、真の実力を養ってね。

♣ が多かったあなたは…

「勉強しなくてもまああいいか」と開き直っちゃうタイプ

テストに対する危機感ゼロなのが、このタイプ。ふだんからノー勉強なのに、テスト前でもあせる気配すらなく、開き直って早く寝ちゃうとか…。そんな態度の裏には、自分は「本気になったらスゴイ」という自信があるみたい。でも、遅れは簡単には取り戻せないよ。何かごほうびを用意して、自分でやる気スイッチをオンにして！

♠ が多かったあなたは…

「前日にあせって失敗する」タイプ

授業も一応聞いているし、宿題もやるけれど、イマイチ集中力が足りないあなた。テスト直前になってあわてて勉強するものの、どこがポイントかよくわからず、知識も中途半端で、結局は失敗するのがありがちパターンかも。あなたの場合は、勉強のし方そのものを学ぶ必要がありそう。できる友だちや先生に相談して、コツを教えてもらってね。

  ♥きょうのひとこと♥ 興味のあることに集中して取り組んでみてね。みるみる身につき、あなたの武器になるよ。

あてはまるものに ○をつけて

あなたにあてはまるものに、○をつけていってね。★と☾のグループ、
それぞれ○はいくつだった？

★のグループ

- ☑ 花柄やピンクが好き
- ☐ 呼び捨てにされるのは嫌い
- ☑ 髪を伸ばしている
- ☐ 懸賞応募は趣味のひとつ
- ☑ 友だちと恋バナで よく盛り上がる

○の数は 2 個

☾のグループ

- ☐ 子どもあつかいされたくない
- ☐ 班長や学級委員を やったことがある
- ☐ 準備や片付けが得意
- ☐ 持っているアイテムは黒や茶が多い
- ☑ おこづかい帳をつけている

○の数は 1 個

★診断結果は次のページを見てね！

心理テスト診断 3

結婚相手に選ぶ男子は…

あなたが結婚相手に選ぶ男子のタイプがわかっちゃう！

🌙 が ⭐ より2個以上多かった

白馬に乗った王子様

あなたは、かなり夢見がちなタイプ。頭の中で、いつもあれこれ空想していそう。結婚に対しても強いあこがれを抱いていて、理想がとても高いみたい。将来お嫁さんになるなら、カッコよくて、仕事も遊びもパーフェクトにこなすカレがいいって思ってるんじゃない？ 白馬に乗った王子様が現れるのを、マジで期待してるはず。

⭐ が 🌙 より2個以上多かった

お金や地位の条件重視!?

ちゃっかり屋さんのあなたは、損得を考えて行動するところがあるよ。誰かを好きになるときも、ただカッコいいから、なんてアイマイな理由じゃなくて、勉強を教えてもらえる、いつもプレゼントをくれるなど、自分にとってメリットがあるからかな？ 結婚も、顔や性格より条件重視で、エリートとかリッチなカレを選びそう。

⭐ と 🌙 の差が1個だった

ノリノリおもしろBOY

明るくて陽気なあなたは、フィーリングを大切にするタイプ。もちろん、カッコいい男子もキライじゃないけど、それ以上に話が合う、趣味が同じなど、波長がフィットする相手にひかれる傾向があるよ。結婚相手を選ぶ場合も、一緒にいて楽しいかどうかが重要なポイント。ノリがよくて面白いカレなら、きっとお眼鏡にかなうはず。

⭐ と 🌙 が同じ数だった

頼れる年上のマジメ男子

しっかり者のあなたは、同年代の女子にくらべて大人っぽい考え方をするほうだね。自然と目に入るのは、年上の頼れる男子。浮わついた感じの子や不良っぽいカレには、決して近づかないよ。そんなあなたの結婚相手は、同じくマジメで誠実なタイプ。学校や職場で一緒の時間を過ごすうちに、自然とひかれあい、結ばれることになりそう。

❤きょうのひとこと❤ 好意でしたことが、おせっかいと取られがち。友だちへのアドバイスも控えて。

心理テスト 4

ジャングルでわかる!?あなたの結婚

あなたの結婚はどんなふう？　答えるまでは下半分を隠してね。

Q1
ジャングルに迷い込んだあなた。最初に友だちになったのは？

a. サル
b. ゾウ
c. オウム
d. チーター

Q2
ジャングルを探検していたらおなかがすいちゃった。何か食べるとしたら？

a. 近くになっているフルーツ
b. 足元に落ちていた木の実
c. バックの中に入っていたお菓子
d. 非常用の缶詰

診断
① 何歳くらいで結婚する？

動物の行動イメージから、あなたが何歳くらいで結婚するかがわかるよ。

人間に近い**a**の**サル**を、最初の友だちに選んだあなたは、実は常識人。学校を出て少し働いた25〜29歳くらいが、結婚のタイミングみたい。**b**の**ゾウ**は、ゆったりペースの象徴。30歳を過ぎてから、やっとチャンスが訪れそう。晩婚タイプといえるね。おしゃべりな**c**の**オウム**を選んだ人は、ノリまかせ。20代前半で、わりと早く結婚しちゃうタイプ。ジャングルでいちばん足の速い**d**の**チーター**と友だちになったあなたは、おませさん。20歳になるかならないかのうちに、お嫁にいっちゃうかも!?

診断
② どんな家庭になる？

このテストでは、とっさの対応から、どんな家庭になるかを予測しちゃうよ。

わざわざ**a**の**フルーツ**を取って食べた人は、行動派。夫婦や家族でいつも旅行したり遊びに出かけたり、アクティブな家庭になりそう。**b**の**木の実**を選んだ人は、しっかり者。夫を立てるよき妻になり、安定した穏やかな家庭を築くことに。**c**の**お菓子**は、さびしがり屋の象徴。いつまでも恋人同士みたいに甘くて、ラブラブムードをキープできるよ。**d**の**缶詰**を選んだあなたは、クール。お互いの自由を認めあい、気ままでフレンドリーな家庭を築きそう。

手相は、ずっと変わらないものではなく、経験を積むとどんどん変わっていくものだよ。小マメにチェックしてね！

手相でチェック！あこがれのお仕事できるかな？

▶うらない方

勉強をしたり、絵を描いたり、ごはんを食べたり…日常なにげなく使っている手には、あなたの性格や運命が刻まれているよ。

特に利き手（メインに使っている手）の線は、社会生活や経験を重ねるにつれて変わっていくから、自分で作り上げた運勢を見ることができるの。逆の手でわかるのは、生まれつき持っている性格や才能だよ。

「今の自分や置かれている状況」を知りたいときは利き手、「本来の自分」が気になるときは逆の手をチェックしてね。

基本の手相線

♥運命線
手首から中指の方向にタテに伸びている線。あなたの現在と未来を表すよ。

♥水星丘
小指の下のふくらみ。

♥生命線
人さし指と親指の間から、手首の方向に伸びる線。健康や行動力がわかるよ。

♥月丘
小指のずっと下、手首に近い部分のふくらみ。

♥感情線
小指のつけ根の下から横に伸びている線。あなたの感情を示す線だよ。

♥知能線
人さし指と親指の間から、横・下向きに伸びる線。考え方や意志を表すよ。

パティシエ、食べもの 屋さん に向いている手相

金星環と知能線に注目！

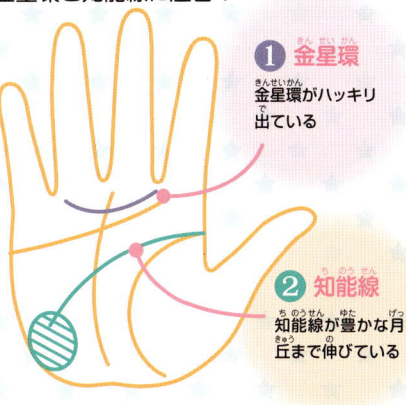

① 金星環
金星環がハッキリ出ている

② 知能線
知能線が豊かな月丘まで伸びている

カーブ状の「金星環」がある人は料理上手！

① 中指と人さし指の間と、薬指と小指の間を結ぶカーブ状の線が「金星環」。これを持つ人は美的感覚が鋭くて、とても料理上手。また、②のように月丘がふっくらとしているのは、イマジネーション豊かな証拠。知能線がそこまで伸びていたら、手先の器用さが必要とされるパティシエや食べもの屋さんにピッタリだよ。

お花屋さん、フラワー デザイナー に向いている手相

親指から薬指近くに線がある？

① 生命線
中指と薬指の間よりも張り出している

② 親指から薬指へ
親指のつけ根のあたりから薬指に向かって、ななめの線がある

生命線が大きく張り出していたらパワフル

花屋は美しい花を売っているだけではなく、意外と体力を使う仕事。その点、①の線の持ち主はパワフルで、重労働でも楽しくこなせるよ。アレンジ力があるかどうかは、②の線をチェック！ 親指のつけ根から薬指に向かって伸びる線を持っていたら、優れた芸術的センスを生かして、いろいろなものを作り出せるはず。

ファッション関係

に向いている手相

手のひらに十字架のような線 !?

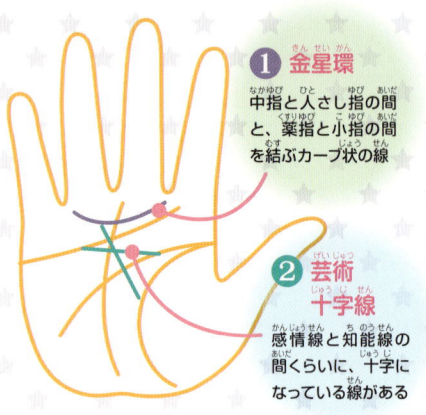

①金星環
中指と人さし指の間と、薬指と小指の間を結ぶカーブ状の線

②芸術十字線
感情線と知能線の間くらいに、十字になっている線がある

ピカソにあった芸術十字線！

デザイナーや洋服屋に必要な、情報キャッチ力と想像力があるかどうかは、①の金星環に注目してね。②は芸術十字線と呼ばれる、とてもめずらしい線。有名な画家のピカソにも、あったといわれているよ。この線を持っていたら、アートの才能が豊かで、誰も思いつかないようなステキな洋服をデザインできそう。

美容師、ネイリスト

に向いている手相

薬指に伸びる太陽線をチェック

②感情線
長くて、先が枝分かれしている

①太陽線
薬指に向かって、下から伸びる太陽線がある

明るくて、お客さんに気づかいできる手相

ネイリストやヘアメイクアーティストは、ただセンスがいいだけじゃダメ。明るくて、お客さんへの気づかいができることも大事な条件だよ。その意味で①の薬指に伸びる太陽線は、陽気でポジティブな性格を表すから、この仕事に最適！ ②のように、長くて先が枝分かれした感情線を持っていれば、気配り上手でカンペキ。

芸能人に向いている手相

太陽線の先にあるスター

❸ 小指の根元が太い

❶ 太陽線
薬指に伸びる太陽線の先にスター（星）がある（＊のようになっている）

❷ 運命線
月丘から伸びている

太陽線に＊がある人は生まれながらのスター

薬指に向かう太陽線❶の先に＊のような星が輝いている人はズバリ、スターになるべくして生まれた人だよ。同じく、人気を表す月丘から運命線❷が伸びている人も、誰からも好かれるタレント素質の持ち主。また、同じ芸能人でも、❸小指の根元が太い人はお笑い芸人向き。話し上手で、人を飽きさせない才覚があるみたい。

音楽家に向いている手相

金星丘にシャープのマーク

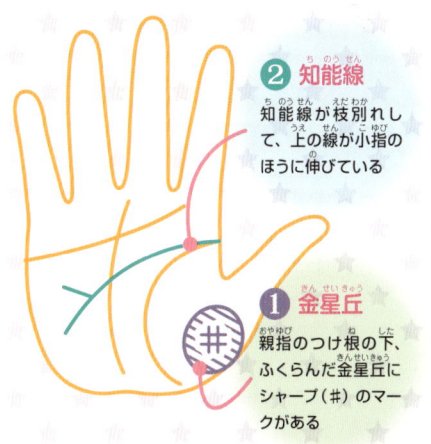

❷ 知能線
知能線が枝別れして、上の線が小指のほうに伸びている

❶ 金星丘
親指のつけ根の下、ふくらんだ金星丘にシャープ（♯）のマークがある

金星丘のシャープは音感、芸術感覚が！

親指の下にある金星丘に、❶のようなマークが出ている人は、音感がよくて、研ぎすまされた感覚の持ち主。❷みたいに枝分かれした知能線のうち、上の線が小指のほうへ伸びているのも、考えや夢を実現する力がある証拠。このふたつの線を持つあなたなら、音や言葉を通して、人を感動させる音楽家として大活躍できそう。

143

カメラマン、画家
に向いている手相
薬指の下のふくらみ・太陽丘にシャープ

② 太陽丘
薬指の下にある太陽丘にシャープ（#）のマークがある

① 知能線
知能線が長く、月丘の下のほうまで伸びている

長く伸びる知能線は
創造力と真実を見る目が

画家やカメラマンには、観察力と、作品を自分らしく表現する才能が必要だね。①のように月丘の下まで伸びる長い知能線は、豊かな創造力と真実を見抜く目を持っていることを表してるよ。②は、輝かしい人生を暗示。このふたつのサインを持ったあなたには、画家やカメラマンとして成功する未来が待っているはず！

漫画家、アニメーター
に向いている手相
小指の下の水星丘をチェック

② 水星丘
水星丘がふくらんでいる

① 知能線
下へ大きくカーブしている

アイデアを生み出し
言葉や絵が上手！

知能線が下へ大きくカーブしている人は、夢見る力が豊かで、周りが思いつかないようなアイデアを生み出すタイプ。②みたいに文字や表現を司る水星丘がふくらんでいるのも、言葉や絵による表現が上手なしるし。面白いストーリーや美しい絵でみんなをトリコにする、漫画家、アニメーターなど絵のお仕事にピッタリだよ。

♥きょうのひとこと♥ 休み時間に好きなカレにアツい視線を送ってみて。目が合って、いいムードになれるかも。

ペットショップ店員、獣医に向いている手相

人さし指の下のソロモンの環

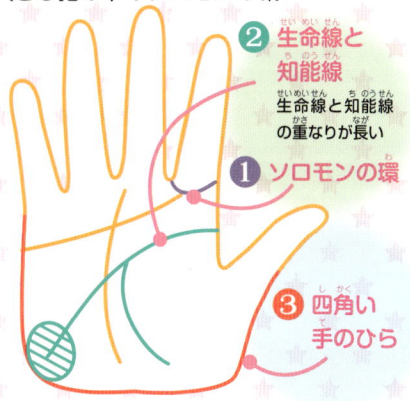

❷ 生命線と知能線
生命線と知能線の重なりが長い

❶ ソロモンの環

❸ 四角い手のひら

動物の気持ちがわかる幸運の「ソロモンの環」

人さし指の下にある半円の❶のような線を「ソロモンの環」と呼ぶよ。これは知恵があって動物の気持ちがわかる人に現れるとても珍しい吉相。この線があったら、ペットショップの店員や獣医に向いているということだよ。❷や❸の場合も同じ。物静かな性格で、動物をまるで家族の一員のように愛して大切にするよ。

医師に向いている手相

「奉仕の十字線」を探そう

❶ 知能線
知能線がまっすぐで、終わりが手のひらの長さの半分よりも上

半分

❷ 奉仕の十字線
運命線と生命線の間に十字の線がある

頭がよくて取り乱さない「奉仕の十字線」でカンペキ

人の命をあずかる医師に求められるのは、冷静な判断力と奉仕精神。まずは知能線をチェックして。❶のような場合、すごく頭がよくて、どんなときも取り乱さないタイプだから、医師の適性が高いよ。さらに❷の奉仕の十字線があればカンペキ。腕のいいお医者さんとして、みんなからしたわれ、充実した人生に。

看護師、介護士
に向いている手相
水星丘の下に短い数本の線

❶ 水星丘
小指の下にある水星丘に、短くてまっすぐな線が数本ある

❷ 感情線
感情線が長くて、先が枝分かれしている

水星丘の下の線は「医療線」と呼ぶよ

❶のような線を「医療線」と呼び、これを持つ人は将来、医療や福祉の仕事に携わる可能性が高いよ。また、❷のように人さし指と中指の間まで伸びていて、枝分かれしている感情線の持ち主は、面倒見がよくて気配り上手。天使のような優しさで人を助ける、看護師や介護士というお仕事は、まさに天職といえるね。

学校・塾の先生
に向いている手相
人さし指の下にシャープマーク

❶ 生命線と知能線
生命線と知能線のはじまりがくっついている

❷ 人さし指の下
シャープ（#）のマークや線がある

人さし指下のシャープのマークは「指導線」

❶のように生命線と知能線のはじまりが一緒の場合、常識があってリーダーとしてみんなを引っぱっていく才能があるよ。また、人さし指の下にある❷のマークは「指導線」と呼ばれ、勉強を教えたり、人を導く人生を送るタイプによく出る線。これがある人は、とても教え上手で、学校や塾の先生として大成功しそう。

小説家、マスコミ関係に向いている手相
(しょうせつか) (かんけい) (む) (てそう)

大きくふたつに分かれる知能線
(おお) (わ) (ちのうせん)

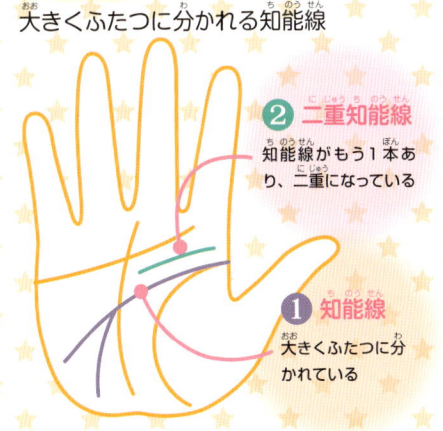

② 二重知能線
(にじゅうちのうせん)
知能線がもう1本あ
(ちのうせん) (ぽん)
り、二重になっている
(にじゅう)

① 知能線
(ちのうせん)
大きくふたつに分
(おお) (わ)
かれている

思考力と論理力、
(しこうりょく) (ろんりりょく)
ふたつの能力がある
(のうりょく)

知能線が**①**みたいに大きくふたつに
(ちのうせん) (おお)
分かれている人には、小説家やマス
(わ) (ひと) (しょうせつか)
コミの仕事に必要な論理的な思考力
(しごと) (ひつよう) (ろんりてき) (しこうりょく)
と創造力という、ふたつの能力が備
(そうぞうりょく) (のうりょく) (そな)
わっているよ。**②**の二重の知能線も、
(にじゅう) (ちのうせん)
知的能力が高い証拠。取材をして記
(ちてきのうりょく) (たか) (しょうこ) (しゅざい) (き)
事を書いたり、アイデアを形にした
(じ) (か) (かたち)
り、人を感動させるようなストーリー
(ひと) (かんどう)
を考え出すのが得意なはず！
(かんが) (だ) (とくい)

CA、通訳など海外で活躍に向いている手相
(キャビンアテンダント) (つうやく) (かいがい) (かつやく) (む) (てそう)

知能線と生命線のはじまりは？
(ちのうせん) (せいめいせん)

① 知能線と
(ちのうせん)
生命線
(せいめいせん)
知能線と生命線の
(ちのうせん) (せいめいせん)
起点が離れている
(きてん) (はな)

② 生命線
(せいめいせん)
生命線から枝分か
(せいめいせん) (えだわ)
れした線が月丘ま
(せん) (げっきゅう)
で伸びている
(の)

枝分かれした長い生命線は
(えだわ) (なが) (せいめいせん)
「海外進出線」！
(かいがいしんしゅつせん)

①のように知能線と生命線のはじ
(ちのうせん) (せいめいせん)
まりが離れている人は、行動力が
(はな) (ひと) (こうどうりょく)
あってパワフル。キャビンアテンダ
ントや通訳など、世界中を飛び回る
(つうやく) (せかいじゅう) (と) (まわ)
仕事に向いているよ。**②**は「海外進
(しごと) (む) (かいがいしん)
出線」と呼ばれる線。これを持って
(しゅつせん) (よ) (せん) (も)
いる人は、自分の生まれた国を離れ
(ひと) (じぶん) (う) (くに) (はな)
て外国で生活することが多いの。将
(がいこく) (せいかつ) (おお) (しょう)
来は外国人と結婚する可能性も！？
(らい) (がいこくじん) (けっこん) (かのうせい)

警察官、消防士
に向いている手相
知能線が上に伸び水星丘に

①知能線
知能線が水星丘で終わっている

②金星丘
厚みがあって豊か

水星丘に伸びる知能線は正義のヒーローのしるし！

世の中の犯罪を防いで、国民の平和を守る警察官に必要なのは、勇敢さとパワー。①のように知能線が水星丘で終わっているのは、正義感が強くて鋭い判断力を持っているしるしで、ヒーローによくある手相だよ。また、金星丘が豊かな人は、体力があって元気な体質。タフな警察官に向いていることを示すサインだね。

スポーツ選手
に向いている手相
二重になっている生命線

②感情線
感情線が短い

①生命線
生命線が二重になっている（二重生命線）

困難を乗り越えていく二重生命線の持ち主

高い身体能力と負けん気の強さが必要とされるスポーツ選手。この仕事に向いているのは、①のような二重生命線の持ち主。この線があったら、どんな困難も乗り越えていくタフさと意思を秘めているよ。②の短い感情線は、素早い判断力にすぐれているというシグナル。将来はオリンピック選手になれちゃうかも !?

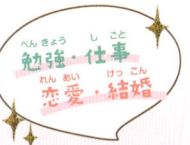

勉強・仕事 恋愛・結婚

どうなる？あなたの未来

ここでは、星座と木星のエレメントを使って、あなたの未来・将来をうらなうよ！

うらない方

「幸運の星」と言われている木星。運の変化をうらなうのにピッタリだよ。
木星の運行で変わるエレメントと、自分の星座でうらなってね。

①木星のエレメントを求めるよ。下の表から、あなたの生年月日を探してね。まず生まれた年を探し、その下の日付で、あなたの誕生日が含まれる欄を見てね。

②①の右の欄にあるのが、あなたの木星のエレメント。

③次のページから、あなたの星座を探してね。

例）2003年9月8日生まれの場合
下の表から「2003年」を見るよ。9月8日は「8/27～12/31」の中に入るから、その右の欄を見てね。エレメントは「土」になるね。
さらに、9月8日生まれの星座は「おとめ座」。「おとめ座×土のエレメント」のページが、あなたの未来だよ！

◆木星のエレメント表◆

1960年		5/24～10/19	火	3/9～12/31	水	12/26～12/31	火	1/1～10/10	水	2002年	
1/1～3/1	火	10/20～12/31	土	1975年		1983年		10/11～12/31	風	1/1～8/1	水
3/2～6/9	土	1968年		1/1～3/19	水	1/1～12/31	火	1993年		8/2～12/31	火
6/10～10/25	土	1/1～2/27	土	3/20～12/31	水	1984年		1/1～11/9	風	2003年	
10/26～12/31	火	2/28～6/15	火	1976年		1/1～1/19	火	11/10～12/31	水	1/1～8/26	火
1961年		6/16～11/16	土	1/1～3/26	水	1/20～12/31	土	1994年		8/27～12/31	土
1/1～3/15	土	11/17～12/31	風	3/27～8/23	火	1985年		1/1～12/8	水	2004年	
3/16～8/12	火	1969年		8/24～10/16	水	1/1～2/6	土	12/9～12/31	火	1/1～9/24	土
8/13～11/3	土	1/1～3/31	風	10/17～12/31	火	2/7～12/31	風	1995年		9/25～12/31	風
11/4～12/31	風	4/1～7/15	水	1977年		1986年		1/1～12/31	火	2005年	
1962年		7/16～12/16	風	1/1～4/3	火	1/1～2/20	風	1996年		1/1～10/25	風
1/1～3/25	風	12/17～12/31	風	4/4～8/20	土	2/21～12/31	水	1/1～1/2	火	10/26～12/31	水
3/26～12/31	水	1970年		8/21～12/30	水	1987年		1/3～12/31	土	2006年	
1963年		1/1～4/30	水	12/31	風	1/1～3/2	水	1997年		1/1～11/23	水
1/1～4/4	水	5/1～8/16	風	1978年		3/3～12/31	火	1/1～1/21	土	11/24～12/31	火
4/5～12/31	火	8/17～12/31	土	1/1～4/11	風	1988年		1/22～12/31	風	2007年	
1964年		1971年		4/12～9/5	水	1/1～3/8	火	1998年		1/1～12/18	火
1/1～4/12	火	1/1～1/14	水	9/6～12/31	火	3/9～7/21	水	1/1～2/3	風	12/19～12/31	土
4/13～12/31	土	1/15～6/5	水	1979年		7/22～11/30	火	2/4～12/31	水	2008年	
1965年		6/6～9/11	土	1/1～2/28	火	12/1～12/31	土	1999年		1/1～12/31	土
1/1～4/22	土	9/12～12/31	風	3/1～4/20	水	1989年		1/1～2/12	水	2009年	
4/23～9/21	風	1972年		4/21～9/29	火	1/1～3/11	土	2/13～6/27	火	1/1～1/5	土
9/22～11/17	水	1/1～2/7	風	9/30～12/31	土	3/12～7/30	風	6/28～10/22	土	1/6～12/31	火
11/18～12/31	風	2/8～7/25	土	1980年		7/31～12/31	土	10/23～12/31	火	2010年	
1966年		7/26～9/25	火	1/1～10/27	土	1990年		2000年		1/1～1/17	風
1/1～5/5	風	9/26～12/31	土	10/28～12/31	風	1/1～8/18	土	1/1～2/14	火	1/18～6/5	火
5/6～9/27	火	1973年		1981年		8/19～12/31	風	2/15～6/29	土	6/6～9/8	水
9/28～12/31	火	1/1～2/23	土	1/1～11/26	風	1991年		6/30～12/31	土	9/9～12/31	水
1967年		2/24～12/31	風	11/27～12/31	水	1/1～9/12	風	2001年			
1/1～1/16	火	1974年		1982年		9/13～12/31	水	1/1～7/12	土		
1/17～5/23	水	1/1～3/8	風	1/1～12/25	水	1992年		7/13～12/31	水		

おひつじ座 × 火

木星エレメント

あなたの未来予想図

カンでチャンスを感じとる！

生まれたときの太陽と未来の幸せをサポートする木星が、同じエレメントにあるあなたは、自分に秘められたパワーや才能を最大限に発揮できるとても恵まれた人。鋭いカンでチャンスを感じとり、そこに飛び込んでいく勇気とパワーにあふれているよ。人と出会うたびに成長できる運命だけど、みんなにいい顔しすぎるのはタブー。

勉強・仕事

あなたには、新しい道を切り開いていく運命が授けられているよ。未知の分野の研究に挑み、誰もがなし得なかった大きな結果を出すタイプ。運動神経がいいので、スポーツ選手や体を動かす仕事で成功する可能性も高め。

恋愛・結婚

出会った瞬間にお互いに一目ボレして、そのまま恋に落ちるなんてドラマチックな経験をしそう。結婚も10代後半から20代前半とかなり早め。ただし、離婚率も高いから、好きという気持ちだけで突っ走らないこと。

おひつじ座 × 土

木星エレメント

あなたの未来予想図

着実な計画であこがれの暮らし

土のエレメントにラッキースター・木星を宿すあなたの人生には、おひつじ座らしからぬ堅実さがあるの。着実に目標や計画をクリアし、夢にまで見たあこがれの暮らしを手に入れることに。また、未来を輝かせるチャンスは、同年代の友だちよりも、年上の人から与えられることが多いみたい。先生や先輩の話もよく聞くようにすると◎。

勉強・仕事

かなり早い時期から、成長する傾向が強いおひつじ座の運命だけど、あなたは大器晩成。勉強も仕事も最初はなかなか芽が出ずに苦労するけど、30歳過ぎたあたりから大活躍できる予感。研究者や鑑定士に適性があるよ。

恋愛・結婚

情熱的なおひつじ座にしては慎重。じっくり相手がどんな人か観察してから好きになるから、恋の進展もスロー。友だちがみんな結婚した後、やっと運命の人に出会うかも。時間はかかるけど、手に入れた幸せは一生モノだよ。

おひつじ座×風

あなたの未来予想図

たくさんの人とにぎやかに

生まれたときの木星が風のエレメントにあるあなたに待っているのは、にぎやかな未来。ときにはケンカをしたり、意見が食い違って悩むこともあるけれど、みんなとワイワイ楽しく過ごしているあなたの姿が見えているよ。たくさんの人と会話することで未来の可能性がグングン広がっていく運命だから、苦手な子ともおしゃべりを。

勉強・仕事

好奇心がナビゲーター。面白そう、やってみたいと感じる気持ちの先にバラ色の未来が。反対されても、熱意を伝えて説得してね。職業としては、編集者や漫画家などマスコミ関係と好相性。勉強は語学に力を入れると吉。

恋愛・結婚

かなりのおませさんで、周りの友だちの中でも最初に大人への階段を上っていくかも。結婚も早いけれど、あなたは恋をしていたほうが魅力的なタイプ。急いでお嫁さんになるより、人生をたっぷりとエンジョイしてね。

おひつじ座×水

あなたの未来予想図

周囲を幸せにするために

あなたがこの世界に生まれ落ちたとき、幸運を運んでくる木星は、優しさを示す水のエレメントで輝いていたの。だからこそあなたは、愛と思いやりにあふれた人生を送ることになりそう。未来のあなたは、周りの人を幸せにするために一生懸命頑張っているはず。人から喜ばれ、感謝されることが自分自身の生きがいになっているの。

勉強・仕事

カンが鋭くて、その場の空気を一瞬で読みとることができるあなた。試験でもどこが出るか、なんとなくわかるかも。音感やリズム感も抜群だから、将来はシンガーソングライターやダンサーを目指すとラッキーな展開が。

恋愛・結婚

ホレっぽいあなたは、恋多き人生を歩む暗示。つきあう相手がどんどんレベルアップしていく傾向が強いから、将来は玉のこしに乗れちゃうかも。大きな夢を持って、その実現のために頑張っている男子と波長バッチリ！

おうし座 × 火

あなたの未来予想図

ドラマチックに目標達成

幸せの使者といわれる木星が火のエレメントにあるあなたの人生は、おうし座にしてはめずらしくドラマチック！特に大人になるまでにはいろいろな困難やトラブルが降りかかってくるけれど、それをモノともしない強さがあなたには備わっているの。苦労の末に大きな目標を達成して、充実した未来を手に入れることになるよ。

勉強・仕事

頑張り屋のあなたは、難しい仕事ほど燃えるタイプ。将来は専門的な知識やスキルを身につけて活躍するのがおすすめ。弁護士、税理士などの国家資格にトライするのも吉。勉強は友だちに教えることが自分自身の学びに。

恋愛・結婚

理想が高くて、なかなか運命の恋に出会えないかも。でも、心配しなくて大丈夫。自分を磨きながら待っていれば、きっとカレこそはと思える相手が現れるはず。結婚は年上の頼れるタイプと。お見合いや紹介にいい出会いが。

おうし座 × 土

あなたの未来予想図

ゆったり過ごしてステキに

あなたの木星は、生まれたときの太陽と同じ土のエレメント。これはおうし座の強みがいい形で発揮されることを意味しているの。だからあまりアクセクしないで。毎日を楽しく過ごすことが、幸せな未来につながっているよ。ゆっくり読書をしたり、趣味に熱中したり…。そんな時間を持つほど、ステキな大人の女性へと近づけそう。

勉強・仕事

理解するまでには時間がかかるけれど、一度自分のモノにしてしまうと絶対に忘れないタイプ。受験勉強も人の倍はかかるから、早めに取り組んだほうが成功率ＵＰ。仕事は、税理士や銀行員などお金に関するものと相性◎。

恋愛・結婚

初恋や長い片思いを実らせて、そのまま結婚して幸せな家庭を築くというパターンが多いよ。つきあっている間にはいろいろなことも起きるけれど、そんなトラブルを乗り越えるたびに、愛するカレとの絆が深まっていくよ。

星座
木星エレメント

おうし座×風

あなたの未来予想図

たくさんの人に愛される

おうし座生まれで、風のエレメントに幸運の星・木星を宿すあなたは、細やかな気づかいのできる心優しい女の子。気配り上手で親切。親しみやすい雰囲気も手伝って、おおぜいの人から愛される未来が待っていそう。不器用なところがあるおうし座とは思えないほど世渡り上手な一面もあり、思いがけないラッキーを手にできる期待大。

勉強・仕事

日常に楽しみを見いだせる天才。あなたにふさわしいのは、身近でよく知っていて好奇心を生かせる仕事。食べることに喜びを感じるタイプだから、パティシエやシェフも◎。勉強はごほうびを用意すると頑張れるはず。

恋愛・結婚

恋をしたい気持ちは強いのに、いざとなると逃げ腰になっちゃうあなた。アイドルに熱を上げたり、告白しないまま終わるような淡い恋を経験して大人になるよ。そして20代後半、とても信頼できる人と結ばれるみたい。

星座
木星エレメント

おうし座×水

あなたの未来予想図

幸せなリッチマダム

あなたの木星は、生まれ星座であるおうし座と相性のいい水のエレメントに位置しているよ。そのおかげであなたは、人からうらやましがられるような人生を送れそう。好きな物や人に囲まれて暮らす未来予想図は、幸せいっぱい。大きな富を手にする暗示もあるから、楽しみにしていて。将来はリッチなマダムになっているかも。

勉強・仕事

センスのよさを生かした仕事がピッタリ。ファッションデザイナーやインテリアコーディネーターなど、あなたなりのアイデアが話題になり、大ブームが起きちゃうかも。苦手科目は、ＢＧＭをかけると楽しく学べるよ。

恋愛・結婚

愛されることで、幸せをつかむ運命の持ち主。自分のことを好きと言ってくれる相手が現れたら、タイプじゃなくてもなかよしに。大人になるにつれて彼のよさがわかり、気になる存在へ。最終的には結婚している可能性も高め。

ふたご座 × 火

星座 / 木星エレメント

あなたの未来予想図

ひとつのことを極めてね

火のエレメントに輝いている木星は、ふたご座にパワーと発展をもたらすよ。器用でなんでも上手にこなせるあなただけど、あえてひとつのことを極めるように努力してみて。習い事でも趣味でもいいの。それが人生の支えになってくれるし、やがてそこを中心にして、あなたの未来は今以上に豊かにスケールアップしていくことに。

勉強・仕事

時代の先を行くことが使命。新商品の開発やプロデューサーなど新しいアイデアを生み出す仕事で、流行を作り出しては？　要領がいいから勉強も得意だけど、一夜づけばかりではダメ。マメに復習して記憶を定着させてね。

恋愛・結婚

たくさん恋をするけど、どれも短命に終わりがち。気づいたときには、あなただけが結婚していないなんてことも。でも、心配しないでOK。30代前半、思いがけない場所で再会した人からプロポーズされる暗示があるよ。

ふたご座 × 土

星座 / 木星エレメント

あなたの未来予想図

安定した人生で成功へと

大地を象徴する土のエレメントに木星を持っているあなたは、ふたご座にありがちな浮き沈みが少なく、安定した人生を送る傾向が強いよ。大きなトラブルに巻き込まれたり、ドラマチックな出来事を経験する機会は少ないけど、確実に成功の階段を上っていくのが未来の予想図みたい。変化がなくても、マイペースを貫いてね。

勉強・仕事

頭で考えていることと行動が一致しないところがあるあなた。勉強しなくちゃと思いながらも、なかなか一歩が踏み出せなかったり…。やる気が起きなくても、取り組む習慣を身につけて。仕事は販売員や公務員に適性あり。

恋愛・結婚

友情の延長線上に恋愛、結婚というゴールが待っているよ。なんでも話せる男友だちがある日突然、恋人や未来のダンナ様にステップアップする可能性も高め。結婚後は、一緒に旅行や遊びに出かける仲のいい夫婦に。

ふたご座×風

あなたの未来予想図

チャレンジ精神で幸せに

生まれたときの太陽と幸運星・木星が同じ風のエレメントにあるあなたの人生は、さわやかに吹き抜ける風のようにとてもスムーズ！ タイミングよくチャンスに恵まれ、理想通りの未来を手に入れられる幸運体質の持ち主だよ。フットワーク軽く、いろいろなことにチャレンジする姿勢を忘れなければ、一生輝き続けることができるよ。

勉強・仕事

言葉に対する感覚の鋭さが武器。国語はもちろん、英語などの語学も、本気になって学べば、アッという間に上級レベルへ。将来はそんな力を活用して、先生や通訳、翻訳者などを目指すと、人生が大いに花開きそう。

恋愛・結婚

恋と結婚は別と考えているあなた。若いときはいろんな男子と甘いロマンスを楽しむけど、将来を考える年になると一変！ お金持ちで、しかもイケメン、そんな相手を選び、結ばれることに。将来は教育ママの可能性大。

ふたご座×水

あなたの未来予想図

友情を大切にして

ふたご座は本来、ベタベタした友だちづきあいは苦手な星座。でも、幸運の星・木星が水のエレメントにあるあなたの場合は、そんな濃い友情を大事にしたほうが幸せになれるよ。特に小学校時代になかよくなった人は、一生の親友候補。悩みを打ち明けたり、助けあうと人生が豊かに。先生や先輩との縁も大切にしたほうが幸運度UP。

勉強・仕事

いろいろな才能を持っているよ。ただ、コツコツ努力することがあまり好きではないから、器用ビンボウで終わる心配も。幸せになりたいなら、頑張ることから逃げないで。ピッタリな仕事は、アーティストやクリエーター。

恋愛・結婚

おちゃめなところがあるあなたは、モテモテの人生を送るよ。ひとつの恋が終わっても、すぐに別の男子からアプローチされ、1人でいる時間は少なそう。ただ、結婚に関しては、理想が高いから、意外に遅めかも。

かに座 × 火

星座 / 木星エレメント

あなたの未来予想図

意思をハッキリ伝えると◎

かに座は優しくて愛にあふれた星座。でも、ちょっぴり引っこみ思案で損をすることも多いみたい。幸運パワーを授ける木星が火のエレメントにあるあなたは、そんな弱点をプラスに変えて自分らしい人生を送れるよ。イヤなことはイヤとハッキリ伝え、本当にやりたいことだけをやり、思いのままの未来をつかみとることができるの。

勉強・仕事

思いやりと正義感というプレゼントを星からもらったあなたは、世のため人のために働く運命。体力もあるから、警察官や消防士など体を使う仕事もおすすめ。勉強は、得意と苦手の差が大きそう。ムラなく学ぶようにしてね。

恋愛・結婚

愛する人のために頑張れるのが強み。好きなカレと同じ学校に入りたくて一生懸命勉強するなど、恋することが人生にプラスに作用するタイプ。ただし、結婚願望が強すぎるのは玉にキズ。あせらないほうが幸せになれるはず。

かに座 × 土

星座 / 木星エレメント

あなたの未来予想図

平凡だけど穏やかな幸せ

かに座を守ってくれるのは月。夜空で毎日姿を変える月のように、かに座の人生は変化に富んでいるよ。ただ、土のエレメントに木星を持つあなたの場合は、その不安定さが消えて、穏やかな人生を送ることに。信頼できる仲間や家族の優しさに包まれ、幸せな毎日を送っているのがあなたの未来予想図。平凡だけど笑顔でいっぱいだよ。

勉強・仕事

整理整頓が得意なので、勉強も自分なりのまとめノートを作ると、すごく頭に入りそう。きちょうめんなあなたは将来、大きな会社に入るほど大切にされる運命みたい。お金や人の管理など重要任務を任されることも。

恋愛・結婚

恋愛に関してはオクテだけど、将来はしっかり者の奥さんになれそう。結婚相手になるのは、子供時代から知っている人。おさななじみ、男友だち、先生など、身近にいて緊張せずにつきあえるカレが有望候補と出ているよ。

♥きょうのひとこと♥ 楽天的な考え方がツキを呼ぶよ。過ぎたことはクヨクヨ悩まず、すぐ気持ちを切り替えて。

かに座×風

あなたの未来予想図

仲間からチャンスをもらえる

風のエレメントで輝く木星は、かに座生まれのあなたに高いコミュニケーション能力を授けたよ。シャイなかに座にしてはめずらしく、誰とでも親しく、楽しくつきあえる才能が。ネットワーク作りの天才であるあなたは、多くの仲間からチャンスをもらい、今の自分からは想像もできないようなステキな未来を手に入れられそう。

勉強・仕事

人と人をつなぐことが上手なあなたは、相談員やマネージャー、人材コンサルタントなどの仕事に就くと、本領を発揮できるよ。勉強も、1人でははかどらないけど、友だちと教えあったり、一緒にやると効果倍増！

恋愛・結婚

ホレっぽいように見えて意外に冷静。若いときはいろんなタイプを好きになるけど、実際につきあったり、本気でのめり込んだりすることは少なめ。結婚は、社会に出て働き出した後、周囲のすすめでお見合いした相手と。

かに座×水

あなたの未来予想図

人助けをして頑張る

生まれたときの太陽と木星が同じ水のエレメントにあるあなたは、感受性豊かでハートフルなタイプ。困っている人を見かけると放っておけない性格で、いつも誰かのために尽くしているみたい。将来も人助けやボランティアなどで大忙し。見返りを求めず、みんなのために頑張るあなたの姿は、多くの人に感動と喜びを与えるよ。

勉強・仕事

あなたに宿っているのは、人をいやして元気にするパワー。介護士やセラピスト、エステティシャンなどにも適性がありそう。看護師や作業療法士など医療の分野とも好相性。勉強面では美術、音楽など実技のほうが得意かも。

恋愛・結婚

めちゃめちゃホット。しかも、一度好きになった相手のことは相当なことがない限りキライにならないあなた。子ども時代から大好きだった相手と別れたり、くっついたりしながら、20代後半ぐらいに結婚する可能性が。

しし座×火

星座 / 木星エレメント

あなたの未来予想図

ドラマチックなシンデレラ

しし座生まれで、ラッキースター・木星を火のエレメントに持つあなたの人生は、まるで映画のヒロインのようにドラマチック。様々な試練やトラブルが降りかかってきて、そのたびにあなたは泣いたり、笑ったり…。でも、シンデレラストーリーの終わりはハッピーエンドがお約束。もちろんあなたの未来もバラ色に輝いているよ。

勉強・仕事

人に見られることで、眠れる才能に火がつくタイプ。勉強も図書館や家のリビングなど、人目があるところのほうがはかどるはず。人気運があるから、将来はモデルや芸能人でブレイクする期待も。企画や営業にも適性が。

恋愛・結婚

愛することより、愛されることにツキが。恋も結婚も、相手に強引にせまられてOKする形でスタートしたほうがハッピーに。ただ、モテすぎて結婚後も誘惑が絶えないのは大変。幸せを壊したくないなら浮気はやめて。

しし座×土

星座 / 木星エレメント

あなたの未来予想図

1人でコツコツ努力して実現

しし座はスターの生まれなんて言われているけど、幸運の星・木星が土のエレメントにあるあなたは、堅実な人生を送ることになりそう。日々コツコツ努力を続けて、自分なりの目標や夢を実現していくの。誰の力も借りずに1人で成しとげたことが、あなたを支える自信になり、やがて存在感や魅力をキラキラと輝かせるはずだよ。

勉強・仕事

勉強家でエリートコースを歩みそう。一流の大学や企業を目指して頑張ってみては？　職業としては国家公務員や大学教授がおすすめ。みんなの期待の星として大活躍できるよ。苦手科目はライバルを決めるとやる気UP。

恋愛・結婚

尊敬が恋に変わっているというのが未来予想図。「この人、スゴイな」と思ったときには、もうラブストーリーが動き出していそう。ただし、結婚に関してはシビアで条件重視。愛よりも、お金を取っちゃうかも!?

♥きょうのひとこと♥　見た目にダマされやすい傾向あり。おいしい話にも裏があるから、気をつけたほうが。

星座 しし座×風 木星エレメント

あなたの未来予想図

小さなラッキーがいっぱい！

あなたの木星は風のエレメントにあって、しし座ととてもいいコンビネーションを発揮しているよ。そのため、あなたの人生にはタイミングよくチャンスが訪れるなど、小さなラッキーが多いはず。イケると思ったら迷わず行動を。ノリよく行動するほど、未来は楽しく刺激的になっていきそう。旅行も、運命を開花させるきっかけに。

勉強・仕事

広いフィールドで活動する仕事に向いているよ。旅行会社にお勤めしたり、ツアーコンダクターや外交官を目指すのもグッド。勉強は、五感をフル活用して。声に出したり、手で書いたりするとしっかりと頭に焼きつくよ。

恋愛・結婚

10代は軽めの恋が主流。モテるタイプで、自分から告白しなくても引く手あまただよ。ただ、20代になったらスタンスの切り替えを。あなた自身が心から愛せる人を見つけたとき、ウェディングベルが鳴り響くことに。

星座 しし座×水 木星エレメント

あなたの未来予想図

周りのことを考えて行動を

あなたの未来には予想もできないような出来事が起きやすいよう。でも、一見ツイていないように思えることでも、結果的にはハッピーエンドへとつながっていることが多いの。だからあまり心配しないで。大事なのは、どんなときも周りのことを考えて行動することだよ。仲間や家族を思いやれる気持ちがあれば、未来はバラ色！

勉強・仕事

本気になれば、記録や限界を打ち破ることができる運の強さがあるよ。勉強も、自分には無理なんて決めつけず、レベルの高い学校を目指しちゃお。仕事は、冒険家やミュージシャンなど、感動や勇気を与える職業と相性◎。

恋愛・結婚

サプライズモード。意外な人から告白されたり、プロポーズされる運命。はじめはその気になれなくても、友だち感覚でデートやおしゃべりを楽しんでみて。気づいたときには、かけがえのない存在になっているはず。

おとめ座×火

星座

木星エレメント

あなたの未来予想図

自分らしい人生を歩める

生まれたときの木星が火のエレメントにあるあなたの人生は、優等生のおとめ座とはひと味違うものになりそう。あえて親の反対する道に進んだり、苦労するとわかるようなことに挑んだり。大変な思いもするけれど、あなたはそのおかげで強くなれるの。未来のあなたはしっかりとした足取りで、自分らしい人生を生きているはず。

勉強・仕事

ピンチのときでも、落ち着いて冷静に行動できるあなたに向いているのは、命をあずかる仕事。医師や獣医などを目指すと、やりがいを持って働けそう。勉強は朝に集中力が増すタイプ。早起きをして頑張るのがいちばん。

恋愛・結婚

恋愛スイッチがなかなか入らないタチ。でも、いざ本気モードになるとノンストップ！　そのまま結婚まで突き進んでいく可能性が高いよ。メチャクチャ早婚になるか、もしくは晩婚になるか、両極端になりやすい運命みたい。

おとめ座×土

星座

木星エレメント

あなたの未来予想図

日々の積み重ねが力になるよ

おとめ座生まれで、幸運のありかを示す木星が土のエレメントにあるあなたは、ドラマチックな人生を夢見るより、目の前にある現実にきちんと向きあうのが大切。しっかり勉強をして、部活や委員会に励む、そんな積み重ねがやがて大きな力となり、あなたの人生をゆるぎないものへと育てるよ。輝く未来のためにも、努力を日課にしてね。

勉強・仕事

一度始めたことはなんとしてもやり抜く、カンペキ主義者のあなた。趣味や習い事がそのまま仕事になることも多いから、プロを目指して頑張ってみては？　勉強はスローペース。ピッチをあげないとタイムアウトの心配が。

恋愛・結婚

慎重でおくびょう。簡単に人を好きにならないから、結婚することになった相手が、はじめてつきあった人なんてケースも。ただし、じっくり考えた上での決断はパーフェクト。後悔のない幸せな家庭を築くことができるよ。

♥きょうのひとこと　スターオーラが輝いているから、街角でスカウトされるかも。オーディション応募も吉。

おとめ座×風

星座　木星エレメント

あなたの未来予想図

活気に満ちたワクワクライフ

おとめ座持ち前の好奇心が、風のエレメントの木星によって刺激されるため、あなたの人生は活気に満ちたものになるよ。いつも興味をソソられるテーマや出来事にあふれていて、あなたはそれを研究することに熱心みたい。毎日がワクワク楽しく過ぎていくのが、未来予想図。友だちも多いあなたの人生は、遊びの予定もいっぱい！

勉強・仕事

リサーチ力が抜群に高いあなたは、情報を集めたり、利用することで運命が輝く生まれ。マーケティングやコンサルト業などを目指すとうまくいくことが多いよ。勉強も過去問や友だちのノートなどネタ集めをしっかりと。

恋愛・結婚

ロマンチックな恋をするかも。名前も知らない人を好きになったり、危ないところを助けてくれた男性と急接近したり…。結婚はタイミング次第。あなたがしたいと思ったとき、そばにいた人がベストパートナー候補だよ。

おとめ座×水

星座　木星エレメント

あなたの未来予想図

優しさにあふれた未来に

おとめ座生まれにとって、水のエレメントにある木星はサポーター。穏やかな気質を強化するため、人生も同じように優しさにあふれたものに。周囲の人を助け、そしてあなた自身もまた周りからサポートしてもらう、そんな支えあいの心によって輝き出すのがあなたの未来。困っている人を見かけたら、頼まれなくても声をかけてね。

勉強・仕事

観察力が鋭くて、人の心の動きをキャッチするのはお手の物かも。カウンセラーや臨床心理士、占い師などを目指すと、みんなから喜ばれる仕事ができそう。勉強は計画性が大事。1週間単位とかでゆったり予定を組んで。

恋愛・結婚

砂に水がしみこむように、ジワジワと深まっていくのがあなたのパターン。お互いを励ましあううち、いつしか恋が始まっているなんて感じ。ただ、相手を思いやりすぎて、結婚が遠のく心配も。好きならえんりょしちゃダメ。

てんびん座 × 火

あなたの未来予想図

ヒロインのような華やか人生

幸運体質。幸せを運ぶ木星が宿る火のエレメントは、てんびん座となかよしだから、あなたは持ち前の社交性やバランス感覚を上手に発揮して、ラッキーな人生を送れそう。華やかなスポットを浴びたり、映画の中のヒロインみたいな出来事を経験することも。あなたは、それにふさわしいだけの魅力とオーラを持った生まれなの。

勉強・仕事

苦手科目はないけれど、逆にこれだけは！ という得意科目もないあなた。自分の強みを見つけることが成績UPのカギに。仕事は女子のあこがれる職業をチェック。キャビンアテンダントやファッションモデルも好相性。

恋愛・結婚

情熱的な恋にあこがれる気持ちが強いけど、実はあなたを幸せにするのは、身近にいる男子。ずっと友だちだと思っていたカレが、大人になったとき、ふと運命の人だと気づく瞬間があるかも。結婚は海外でゴージャスに。

てんびん座 × 土

あなたの未来予想図

目上の人からチャンスが

幸運の星・木星を土のエレメントに持つあなたには、上品さと落ち着きが備わっているよ。キャピキャピしたところがないから、先生や目上の偉い人などに気に入られて、大きなチャンスを何度か与えられることに。周囲の引き立てで輝くのがあなたの未来。だからこそ日頃から、友だちや先輩など身近にいる人のことを大切にしてね。

勉強・仕事

人あたりがいいから、周囲をサポートする仕事につくと、とても愛され、大事にされそう。社交センスを生かして、案内係や受付になるのもおすすめ。勉強は時間をかけるほど身につくタイプ。特にテスト前は質より量で勝負！

恋愛・結婚

隠れモテタイプ。実はあなたのことをひそかにいいなと思っている男子がたくさんいるみたい。「カレを作ろう」「結婚したい」、そうあなたが強く意識すれば、きっとピッタリの候補に気づけ、運命が一気に動き出す運びに。

❤きょうのひとこと❤ 友だちの家に遊びに出かけると、いいことがありそう。ただし、門限やルールは厳守を。

星座 てんびん座×風

あなたの未来予想図

クール&陽気を使い分ける

風のエレメントに宿る木星は、てんびん座のあなたにとって理想的。あなたはクールな自分と社交的で陽気な自分という、ふたつの顔を上手に使い分けて、幸せをつかむタイプだよ。また、おしゃれするほど人生がブレイクする運命。ただ、その分、敵も引き寄せやすいみたい。大事な席に行くときは、おとなしめの服&髪型が安心かも。

勉強・仕事

芸能界やファッション業界など、華やかな世界と相性がいいよ。職業でいえば、スタイリストやメイクアップアーティストがピッタリ。あなたのセンスのよさが生かせて大活躍できるはず。進路も芸術系の学校を目指すと◎。

恋愛・結婚

目移りしやすいあなた。いいなと思ってつきあい出しても、すぐに他のカレがカッコよく見えたり。結婚も迷いがちで、気づいたら30代になっていたなんて可能性が。悩んだときは、親やプロのアドバイスに従うのがベスト。

星座 てんびん座×水

あなたの未来予想図

感激の連続で人生に彩り

水のエレメントの木星は、あなたにみずみずしい感性を与えたの。てんびん座は穏やかな気質であまり感情を表に出すことがないけど、あなたは喜怒哀楽がハッキリしてて感受性豊か。ささいなことにも感激できるから、人生はとても彩り豊かなものになるよ。思い出のアルバムには、愛と喜びがいっぱいつまっていきそう。

勉強・仕事

人なつっこくて、人と関わることが大好きなあなた。1人より、おおぜいの仲間と力を合わせて頑張ることで、未来がバラ色に輝きだすよ。大きな会社に入ったり、先生やインストラクターなど教える仕事につくのも吉。

恋愛・結婚

軽そうに見えて、実は一途。ずっと好きだった相手への思いを長い時間かけて実らせて、結婚することになる定め。卒業や引っ越しなどで離れ離れになっても、運命がふたりをまた引きあわせてくれるから心配しないでね。

さそり座 × 火

あなたの未来予想図

ギリギリでミラクルを起こす!?

生まれたときの木星が火のエレメントにあるあなたには、控えめなさそり座とは思えない激しさが。好き嫌いがハッキリしていて、苦手なことや人は完全にスルー状態。一方、自分がコレと決めたことには徹底的に取り組み、成功させるよ。ギリギリで大逆転！ミラクルを引き起こすなど、周囲も驚くようなパワーを発揮する運命だよ。

勉強・仕事

集中力と行動力が武器。勉強も、あえて期限ぎりぎりになってから取り組んだほうが爆発的なパワーを出せるタイプだよ。カリスマ性があるから、世の中をよくするために働くのも幸運。政治家や国家公務員を目指しては？

恋愛・結婚

夢を現実に変えていく力を持っているあなた。はじめはただのあこがれでも、思い続けていればやがてハッピーエンドへ。結婚もまずは想像をふくらませて。相手の顔、性格、理想の暮らしなど具体的に想い描くとその通りに！

さそり座 × 土

あなたの未来予想図

努力して働いて地位と富が

土のエレメントにラッキースター・木星を持つあなたは、粘り強く頑張れる努力家。一生懸命働き、高い地位と大きな富を得る運命を授けられているよ。一度や二度失敗したぐらいではひるまないのが、あなたの強さ。その真剣な姿に心を動かされた仲間が協力を申し出てくれたり、ビッグなチャンスを与えられることも多いみたい。

勉強・仕事

将来性バッチリ！　若いときは地味で目立たなかったり、ふつうでも、どんどん上の立場になっていくよ。ゆくゆくは社長や投資家になって、おおぜいの人やお金を動かす人になるかも。経済や世界の勉強をしておくと収穫大。

恋愛・結婚

大人っぽい考え方をするあなたは、同年代の男子は物足りなく感じがち。先生や先輩など、年上の人にばかり恋をしちゃうかも。恋愛回数は少なめだけど、その中のひとつが最終的には結婚へと結びついていく予想図。

❤きょうのひとこと❤　人の「いいな」と思うところを積極的に取り入れて。ステキなあなたに近づけるよ。

さそり座×風

木星エレメント

あなたの未来予想図

いいときと悪いときで差が…

生まれたときの木星と太陽の位置がズレているあなたの未来は、ちょっぴり波があるみたい。やると決めたらすごいパワーを発揮するけど、その気になれないとダラダラ時間をムダにしたり。そんな影響で、人生もいいときと悪いときとで差が出そう。一度決めたことは必ずやりとげるクセをつけるのが、運を引き上げるコツだよ。

勉強・仕事

マニアックなところがあるから、それを生かせる方法や仕事を考えると効果的。連想記憶などユニークな勉強法を試したり、趣味の延長にある仕事に注目してみてね。理数系が得意なら薬剤師やエンジニアにも向いているよ。

恋愛・結婚

あまのじゃく。好きな子にいじわるしたり、ケンカをふっかけたり、素直になれないせいで、幸せを逃す心配が。後悔したくなかったら、強がりはやめてね。結婚もはぐらかしてはダメ。冷たく断ると一生独身になっちゃうかも。

さそり座×水

木星エレメント

あなたの未来予想図

底知れぬパワーで新記録

幸運の木星が生まれたときの太陽と同じ水のエレメントにあるあなたは、底知れぬパワーを秘めている人だよ。自分で思っているよりも、もっとすごいことができちゃうから、みんなと同じでいいなんて思わず、よくばっていろいろなことに挑戦してね。次々に壁をクリア！記録を塗り替えて、見事成功者の仲間入りを果たせる予感あり。

勉強・仕事

理論よりも感覚でマスターするタイプ。ただ、勉強はすぐわかった気になりやすい？思い込みで動かず、周囲に確認するクセをつけると運命が開けていくよ。仕事は不言実行の働きぶりが求められる秘書や警察官と相性◎。

恋愛・結婚

恋心をあまりオープンにしないけれど、実はすごい恋愛体質。一度好きになった人のことは一生愛し続けそう。初恋を実らせて結婚することが多いのも、この生まれにはよくある話。年齢的には20代後半にチャンス到来！

星座 いて座×火 木星エレメント

あなたの未来予想図

人気運アリ。大きな成功が!?

いて座生まれで、火のエレメントに木星を宿すあなたは、人気運を授けられているの。のびのびふるまっているだけなのに、なぜかあなたのまわりにはいつもファンがいて、援助やチャンスを与えてくれそう。大きなサクセスを手にできる運命だけど、アバウトすぎてケチをつける心配も。やるべきことはきちんとやるようにしてね。

勉強・仕事

明るくワイルドなあなたは、自然が大好き！ ネイチャーガイドや環境保全の仕事など、ナチュラルな雰囲気にフィットした仕事に向いているよ。世界各地を旅して歩くガイドも吉。勉強は、理科に力を入れると得意科目に。

恋愛・結婚

なりゆきまかせ。決まったタイプはなく、そのときいいな、ステキと思った男子に恋をしそう。結婚はワールドワイド。外国人や海外で暮らす人のお嫁さんになる可能性が高め。語学を勉強しておくと、夢に急接近できるよ。

星座 いて座×土 木星エレメント

あなたの未来予想図

苦労をしても強くたくましく

生まれ落ちたときの木星と太陽の位置がイマイチなあなたは、苦労することが多いかも。やりたいと思っても、周囲からの反対が大きくてできなかったり、ガマンを強いられることもしばしば。ただ、ツラい思いをした分、強くたくましい大人になれるのは確か。はじめは不本意に思っても、最終的にはこれでよかったと納得できる人生に。

勉強・仕事

親の敷いたレールの上を歩くことになるかも。期待に応えられるぐらい、あなたは勉強もよくできるみたい。どうせならエリートコースを目指して、頑張ってみるのも手。医師や弁護士など先生と呼ばれる仕事に適性が。

恋愛・結婚

恋に恋しがち。好きなカレはいても、行動しないまま終わってしまうことがほとんどみたい。でも、大人になるにつれて動けるようになるから心配しなくても大丈夫！ 結婚はお互いに尊敬しあえる、大人っぽいカレが狙い目。

星座 いて座×風 木星エレメント

あなたの未来予想図

親しくなった人からチャンスが！

幸運のありかを示す木星は、コミュニケーションを象徴する風のエレメントにあり、いて座と幸運の形を作っているよ。あなたは社交の達人で、行く先々ですぐに友だちを作ってしまう才能の持ち主。親しくなった人たちからチャンスをもらって、世界を広げていく運命を授けられているの。未来のあなたを待っているのは、すごい日常かも！

勉強・仕事

動きながら考えるようなところがあるあなたは、めまぐるしく変化する世界と波長が合うよ。新聞記者や報道カメラマン、ライターなど、時間と戦いながらやる仕事がピッタリ。追い込まれるほど爆発的なパワーが出るはず。

恋愛・結婚

大人になるにつれて恋の仕方が変わっていくみたい。若いときは顔だけで好きになりそう。でも、10代後半になると才能や性格など内面重視に変化していくよ。将来は、お互いを認めあえるカレと自由な家庭を築くことに。

星座 いて座×水 木星エレメント

あなたの未来予想図

予想外のことが巻き起こるかも

幸運を示す木星が水のエレメントにあるあなたは、予想外のことに巻き込まれやすい運命を持っているの。突然の出来事によって、思いがけない方向へ流されてしまうかも…。でも、自分をしっかり持っていれば、何が起きてもうまく対処でき、ピンチをチャンスに変えることも可能だよ。周囲に流されず、夢や希望を追いかけてね。

勉強・仕事

クリエイティブな才能があるみたい。感じたことや思ったことを形にしていくと、感動が生まれるはず。職業でいえば、音楽家や小説家と相性◎。勉強も、自分なりの方法を編み出そうと頭をひねることが成績UPの近道。

恋愛・結婚

たくさんのチャンスに恵まれる運命で、いろいろなタイプと縁ができそう。1人に決められないかもしれないけれど、何人かとつきあううちに、誰が運命の人かわかるから安心して。結婚は意外に遅く、30代に入ってから。

やぎ座×火

星座 **木星エレメント**

あなたの未来予想図

責任ある役割で人生が花開く

やぎ座の内なる願望に、幸運の星・木星が火をつけるよ。あなたはとても野心的で、人の上に立ちたいという気持ちが強いかも。はじめは目立たなくても、ジワジワと頭角を現すよ。責任ある役割を引き受けるほど、人生が花開いていく運命だから、プレッシャーに負けずに頑張ってね。時間はかかっても、理想の未来があなたのものに。

勉強・仕事

社会的な成功を納める運を授けられているあなた。社長や店長、起業家など、一国一城のあるじを目指すと大活躍できること間違いなし。勉強も偉くなるためには必要なこと。苦手、キライなんて言わず、コツコツやってね。

恋愛・結婚

しっかりした恋愛観の持ち主。結婚するならこんな人！というイメージが若いときからあって、そんな人を探し求めながら大人になっていくよ。運命のカレに出会うのは、20代後半。会社の上司や取引先の人の中に有望株が。

やぎ座×土

星座 **木星エレメント**

あなたの未来予想図

地道な努力で幸せな暮らし

生まれたときの木星が、やぎ座と同じ土のエレメントにあるあなたは、マジメな優等生。周りからもしっかり者と思われ、そしてあなた自身もハメを外すことなく、地に足のついた大人になっていくよ。あなたに備わっているのはコツコツ努力する才能。地道な頑張りで、安定して豊かな暮らしを手に入れるのが運命の決めたシナリオ。

勉強・仕事

決められたことをきちんとこなすのは得意だけど、少しでも変化球を投げられると固まっちゃうところが。そんなあなたは勉強も、仕事も、王道のやり方を貫いたほうが幸せになれるよ。職業では職人、公務員がフィット。

恋愛・結婚

授けられているのは、段階を踏んで恋愛、結婚へとステップアップしていく運命。最初はただの知りあいだけど、いつのまにか友だちになり、いずれかけがえのない恋人やダンナ様に変わっていくはず。気長に縁を育ててね。

♥きょうのひとこと♥ いろんなことを試したくなるけど、三日坊主で終わりそう。目標をしぼることが大切。

やぎ座×風

もくせい
木星エレメント

あなたの未来予想図

新しいものを作り出す運命

あなたには、古いものから新しいものを作り出していく運命が与えられているよ。最初は親や先生の敷いたレールの上を走っているけれど、あるとき突然、自分が本当にやるべきことがクリアに。そうなったらもう待ったなし。反対をされても、我が道を突き進んでいくよ。古くからの決まりやルールにNOと言うのもあなたの使命。

勉強・仕事

みんなを導く人になれそう。今は答えが出せないことでも、一見役に立たなそうに思える勉強も、大人になるとあなたの大きな力になるから、真剣に向きあって。具体的な職種で言うなら、哲学者やカウンセラーと波長◎。

恋愛・結婚

人を好きになることを恐れているフシが。傷つくのは怖いけれど、たくさん恋したほうがステキな大人になれ、幸せな結婚ができる可能性も高まるよ。失敗も経験になると信じてGO。運命のカレはメガネをかけているかも。

やぎ座×水

もくせい
木星エレメント

あなたの未来予想図

ギブ＆テイクでバラ色に

やぎ座のマジメさに水のエレメントの木星の優しさが加わるあなた。ふだんは慎重だけど、大事な友だちが困っているとすぐに駆けつけるアツさが。人に振り回されることが多い運命とはいえ、その分人からも喜びや幸せをたくさんもらえるのが特徴。ある意味あなたの人生はギブ＆テイク。人に与えるものが多いほどバラ色に輝くよ。

勉強・仕事

周りの人と協力しあうことで未来が開けてくるあなたには、1人で頑張るより、団体職員、ＴＶ番組の制作スタッフなど、チームで動ける仕事が向いているよ。勉強も仲間と一緒に。教えあいっこをするほど成績ＵＰ。

恋愛・結婚

自然体。気づいたら、誰かを好きになっているというのがパターン。ただし、相手はあなたに助けてもらいたいだけのことも。本気かどうかの見極めをしっかりと。結婚は30代に入ってから、仕事がらみで知りあった人と。

みずがめ座×火

あなたの未来予想図
興味があることを追求して

クールなみずがめ座にしてはほがらかで明るい性格。前向きで未知のことにチャレンジしていく勇気も備えているよ。興味を持ったことは、どんどん追求していこう。それがあなたの世界を広げ、未来をキラキラ輝かせてくれる助けに。また、今、苦手と思っている友だちの中に将来の親友候補が。避けたりせず、なかよくする努力をしてね。

勉強・仕事

未来を見通すパワーがキラリ！　テストでヤマが当たるのはよくあることだし、イケると思ったものが将来大ヒットする可能性も。自分の直感を信じて正解。目指すなら、企画職やプランナーなどアイデアを形にする仕事。

恋愛・結婚

若いときはいい恋愛をして、年頃になったとき、タイミングよく結婚話が舞い込むのがあなたの未来。ただ、なぜか両親から反対を受けるかも。日頃から感謝の気持ちを伝えておくことが、いざというときの助けになる予感。

みずがめ座×土

あなたの未来予想図
何かに打ち込むと運命が花開く

みずがめ座は好奇心旺盛な性格で、広く浅くいろいろなことに取り組みたいタイプ。でも、土のエレメントに幸運の星・木星を宿すあなたは、ひとつのことに打ち込むことで運命が開花するよ。特に3年以上続けている習い事やおけいこ事は、できるだけこれからも継続を。メキメキと上達して、その道の第一人者になれちゃうきざしが。

勉強・仕事

せっかく才能や能力があるのに、途中で投げ出してムダにする心配が。ツラい、タイツと思ったときは実は頑張りどきだよ。心を鬼にして、努力を続けてね。ケースワーカー、手話通訳者など人に喜ばれる仕事にも適性あり。

恋愛・結婚

あなたはいつも似たタイプの男の子に、恋に落ちる傾向が強いよ。どうしても気になるのは、赤い糸で結ばれている証拠。自分の気持ちに素直に従ってこそ未来が明るくなるよ。ただし、友だちの恋人を奪うのは反則！

みずがめ座×風

星座　木星エレメント

あなたの未来予想図

ラッキートントン拍子だけど…

とても幸せな生まれ。なぜなら、あなたは幸運星・木星と太陽の位置がよく、何をするにもトラブルが少なくて済むし、不思議とラッキーに恵まれるから。反面、苦労しないでトントン拍子でいくために努力が苦手だったり、ツメの甘いところが。最後の最後でライバルにおいしいところをさらわれるなんてこともあるから注意してね。

勉強・仕事

未来を作るのが、アイデアマンであるあなたの使命だよ。毎日のくらしの中で、もっと便利になったらいいなと思うことを考え、実践してみてね。勉強法もいろいろ改善するうち光が。仕事は発明家や建築家がお似合い。

恋愛・結婚

フレンドリー。男の子とも気さくに話せるから、和気あいあいとしたムードにすぐになれるはず。ただし、あまりなかよくなりすぎると友だちになってしまうから気をつけて。結婚相手とは今の親友が引きあわせてくれそう。

みずがめ座×水

星座　木星エレメント

あなたの未来予想図

アイデアで未来を切り開く

水のエレメントに木星を宿すあなたは、みずがめ座のアイデア力がブラッシュアップされるよ。発想が豊かで、人が思いつかないような面白いことがどんどんひらめくから、ぜひ友だちに話してみてね。予想以上にいろいろなことが現実化して、未来もあなたの思い描く通りになっていくはず。投稿やクジへの挑戦もハイリターンだよ。

勉強・仕事

変わったことを考えるのが好きなあなたには、物作りの才能がありそう。映画やアートなど、自分の感性を存分に生かしてみて。勉強はあまり好きではないほうだけど、今の学びは未来の糧に。面倒がらずに吸収を。

恋愛・結婚

いろいろなパターン。すぐにカップルになれるときもあれば、長い間片思いのこともあったり。好きな時間が長いほど幸せになれる運命だから、あきらめずに粘ってね。おさななじみ、元カレも有望なダンナ様候補。

うお座 × 火

星座 / 木星エレメント

あなたの未来予想図

ありのままに自分らしく生きて

生まれたとき火のエレメントに木星が位置しているあなたは、自分らしく生きることで未来が輝き出すみたい。心優しいあなたは、自己主張をしたり、わがままを通すことに抵抗を感じるかもしれないけれど、そんなときこそ強気になってね。あなたが生きるのは自分自身の人生。やりたいことをやることが幸せにつながるはずだよ。

勉強・仕事

表現力が豊かだから、さらさら描いたイラストやたまたま発した言葉で、人を感動させることができそう。やりがい重視なら、助産師や作業療法士など医療系の仕事とも好相性。バリバリ働けるし、収入ＵＰも望めるよ。

恋愛・結婚

好きになると他のことが見えなくなるタチ。10代の頃はそのせいでいろいろと失敗をするかも。でも、すべては将来、幸せな結婚をするための栄養になっているからクヨクヨしないで。年下が意外と頼れるダンナ様に。

うお座 × 土

星座 / 木星エレメント

あなたの未来予想図

芸術にふれると運命が開く

土のエレメントは「継続」のシンボル。うお座は少しだらしないところがあるけど、与えられたことはきちんとやりとげて。着実に力がつき、大人になったときはまるで別人のようにしっかり者になれているはずだよ。また、音楽やアートなど、芸術を通じて運命が開かれていく生まれ。心のままに絵を描いたり、歌ったりしてみて。

勉強・仕事

相性がいいのは、結婚をしても続けられる仕事。医療事務、保育士など、資格を取っておくだけでものちのち役立つ期待が高いよ。器用で味覚もビンカンだから、料理研究家やパン職人も吉。勉強はマメに休憩を入れつつGO。

恋愛・結婚

身近に恋の芽が眠っている気配。あなたが困ったり、悩んでいるとき、さりげなくサポートしてくれる彼が、運命の人みたい。相手が年上なら、将来は結婚する可能性も大アリ。お礼にデートに誘うのが恋愛誕生のきっかけに。

♥きょうのひとこと♥ なれたことにツキが宿る日。冒険せず、いつもやっていることをていねいにこなして。

星座 うお座 × 風 木星エレメント

あなたの未来予想図

ひとつの分野に的をしぼって

うお座生まれで、風のエレメントに木星を宿すあなたは、多面性があるタイプ。いろいろなことにくわしくて、たくさんの分野で活躍できる運命を授けられているよ。ただ、どれも中途半端になりやすいのがネック。輝く未来を自分の手につかみ取りたいなら、的をしぼるようにしてね。情報やおしゃれに関する分野を極めるとラッキーが。

勉強・仕事

流行にビンカンで、社交的なあなたにピッタリなのは、ファッションアドバイザーや美容師。お客さんを素敵に変身させることができて、とても感謝されそう。勉強は、同時進行で複数の教科を学ぶのが効果UPのヒケツ。

恋愛・結婚

友だちのカレや、彼女がいる男子など、なぜかややこしい相手にばかりひかれそう。そんな人と無理につきあった結果、お互い傷つけあうハメに。未来のパートナーも、自分のことを愛してくれる人の中から選ぶとハッピー！

星座 うお座 × 水 木星エレメント

あなたの未来予想図

夢や目標を発表すると◎

生まれたときの太陽と幸運を呼ぶ木星が同じ水のエレメントにあるあなたは、強力な引き寄せパワーを授けられているよ。こんなことをしてみたい、あんなものが欲しいと思うと、それがかなうなんてミラクルが。夢や目標があるなら、みんなの前で堂々とアピールしてね。協力者やチャンスが集まり、みるみる実現に近づけるよ。

勉強・仕事

ファンタジーやオカルトなど目に見えない世界に興味シンシン。趣味でいいから、自分なりに研究しては？大人になる頃まで続ければ、きっとそれが天職になっていそう。物理学者やファンタジー小説家にも才能あり。

恋愛・結婚

10代のうちは共感から恋が生まれるパターンが多め。とはいえ、その関係は尽くすだけで終わってしまうことがほとんどみたい。幸せな結婚をしたいなら、年下や同年代であっても、尊敬できる相手を選ぶようにしてね。

うらないって、みんなを幸せ（しあわ）にするためにアドバイスしてくれるものなの！

うらないのアドバイスを役立（やくだ）てて努力（どりょく）をしたりチャンスをつかんだりしてね！

うらないって、自分（じぶん）を振（ふ）り返（かえ）ったり未来（みらい）を考（かんが）えたりできるスグレモノだよ！

みんなでハッピーになろうね！

監修 オフェリア・麗

G・ダビデ研究所主宰。
1954 年 福岡県生まれ。津田塾大学卒業。
うお座・B型特有の深い直感に導かれて占星術と巡り合い、故G・ダビデ師の下、その奥義を極める。鋭いインスピレーションに満ちたホロスコープ解釈とアドバイスは、抜群の的中率を誇り、占い界の第一人者として圧倒的な支持を得ている。最近の著作に『新版 星座＋血液型占い』（主婦の友社）など。
※Gダビデ総合ポータルサイト http://gdavide.com/
※Gダビデ電話占い http://gdavide-denwa.com/

●スタッフ

まんが、イラスト ……naoto〈かに座・AB型〉
イラスト ………………これきよ〈おとめ座・B型〉 米沢儀美〈うお座・A型〉

デザイン・DTP ……Ｚａｐｐ！〈担当いて座・A型、うお座・B型〉
編集………………………株式会社童夢〈担当おとめ座・B型〉
企画………………………成美堂出版株式会社〈担当おとめ座・O型〉

ドキドキ！ ハッピーうらない

監 修　オフェリア・麗
発行者　深見公子
発行所　成美堂出版
　　　　〒162-8445　東京都新宿区新小川町1-7
　　　　電話(03)5206-8151　FAX(03)5206-8159
印 刷　株式会社フクイン

©SEIBIDO SHUPPAN 2015　PRINTED IN JAPAN
ISBN978-4-415-31872-1